NASREDDİN HOCA FIKRALARI

نصر الدين خواجه
فقره لرى

NASREDDİN HOCA FIKRALARI
1. Kitap

Hazırlayan
Uğur Demir

Yayın Yönetmeni
Mustafa Karagüllüoğlu

© Yeditepe Yayınevi
T.C. Kültür ve Turizm Bakanlığı
Sertifika No: 16427

ISBN: 978-605-4052-83-7

Yeditepe Yayınevi: 159
Edebiyat Dizisi: 1

1. Baskı: Ekim 2011
3. Baskı: Mayıs 2015

Dizgi
Fazılhak Nergiz, Aziz Ençakar

Sayfa Düzeni
DBY Ajans

Kapak Tasarımı
Sercan Arslan

Baskı-Cilt
Şenyıldız Yay. Matbaacılık Ltd. Şti.
Gümüşsuyu Cad. Işık Sanayi Sitesi No: 19/102
Topkapı / İstanbul Tel: 0212 483 47 91-92
(Sertifika No: 11964)

YEDİTEPE YAYINEVİ
Çatalçeşme Sok. No: 52/1 34410 Cağaloğlu-İstanbul
Tel: (0212) 528 47 53 Faks: (0212) 512 33 78
www.yeditepeyayinevi.com | bilgi@yeditepeyayinevi.com
online alış-veriş: www.kitapadresi.com

NASREDDİN HOCA FIKRALARI

1. Kitap

نصر الدين خواجه

فقره لرى

Hazırlayan
Uğur Demir

YEDİTEPE

İstanbul, 2015

ÖNSÖZ

Elinizdeki kitap, "Bahaî" mahlasıyla Veled Çelebi İzbudak tarafından derlenen ve 1910'da "Letâif-i Nasreddîn Hoca" adıyla yayınlanan eserden hareketle hazırlandı. Veled Çelebi'nin yayına hazırladığı "Letâif-i Nasreddîn Hoca" adlı çalışma birkaç açıdan önemlidir. Öncelikle yazma bir nüsha, kütüphanelerin tozlu raflarından kurtarılmış, matbu olarak yayınlanmış ve böylece fıkraların daha geniş kitlelere ulaşması sağlanmıştır. Eseri önemli kılan bir diğer yönü de halk arasında şifahen aktarılan Nasreddin Hoca fıkralarını bir araya getirmesidir. Böylece bir süre sonra unutulması muhtemel olan fıkralar bu derleme ile günümüze kadar ulaşmış ve yazılı hâle getirilmiştir. Fıkralarla ilgili çizimlere yer verilmesi de eserin bir diğer önemli ve zengin yönüdür. 1910'daki bu baskıdan sonra Nasreddin Hoca fıkralarına olan ilgi daha da artmış ve fıkralar hakkında ilk ilmî çalışmalar yapılmaya başlanmıştır.

Letâif-i Nasreddîn Hoca'nın tarafımızdan seçilmesinin nedeni dilinin, Osmanlı Türkçesi'ne yeni başlayanlar için oldukça sade olmasıdır. Yine de okumayı kolaylaştırmak için anlamının bilinmediğini tahmin ettiğimiz kelimelerin sözlük anlamlarını sayfa altlarında verdik. Ayrıca Veled Çelebi'nin biraraya getirdiği fıkraların birkaçının dili ağır olduğundan ve giriş ile sonuç bölümlerini böyle bir okuma kitabında gerekli görmediğimizden hazırladığımız bu çalışmaya almadık. Eserin orijinal diline fazla müdahale etmedik ancak günümüz Türkçesi'ne çevirirken tam transkiripsiyon da uygulamadık, Türkçe fiillerin sonundaki (ـ) harflerini "p" şeklinde yazdık. Çalışmanın sonuna Osmanlı Türkçesi'ne başlayanların müracaat edebilecekleri sözlüklere, deyim ve terimlerle ilgili eserlere dair genel bir bibliyografya ilave ettik.

Uğur Demir
Ümraniye - 2011

NASREDDİN HOCA
FIKRALARI

نصر الدين خواجه
فقره لرى

İbtidâ-yı Letâif

Hoca Nasreddîn Efendi Akşehir'de birgün va'z içün kürsüye çıkup "Ey müminler, ben size ne söyleyecegim bilir misiniz" demiş, cemâ'at "Bilmeyiz" demeleriyle Hoca "Siz bilmeyince ben size ne söyleyeyim" diyüp kürsüden iner, bırakır gider. Yine birgün kürsüye çıkup evvelki suâlini tekrâr edince bu sefer de cemâ'at "Biliriz" derler. Hoca "Mâdem ki biliyorsunuz o sûretde benim söylemekliğime[1] ne lüzûm kalır" der, yine bırakır gider. Cemâ'at hayretde kalarak "Efendi bir daha kürsüye çıkarsa kimimiz bilir, kimimiz bilmeyiz" demege karâr verirler. Hoca yine birgün kürsüye çıkup ber-mu'tâd[2] ahâliye suâl edüp de "Kimimiz biliriz, kimimiz bilmeyiz" cevâbını alınca Hoca ciddiyetine hiç halel getirmeyerek "Ne kadar a'lâ. Öyle ise bileniniz bilmeyeninize öğretsin" demiş.

(Latîfe): Hoca birgün va'z esnasında demiş ki: Ey Müslümânlar, Hakk Te'âlâ'ya şükr edin ki deveye kanad vermedi. Yoksa damlarınızı başınıza yıkardı.

(Latîfe): Yine birgün Hoca Konya'da va'z esnasında "Müslümânlar bu şehrin havasıyla bizim şehrin havası birdir" diyüp cemâ'at "Neden bildin" deyince Hoca, Akşehir'de ne kadar yıldız var ise burada da o kadar var" demiş.

(Latîfe): Birgün Hoca hamama gider. Tesâdüf hamam tenhâ olmağla kendi kendine (Kayabaşı) söylemege başlar. Kendi sesi pek hoşuna gider "Mâdem ki benim çok güzel sesim varmış. Niçün Müslümânlara dinletmeyeyim" diye hamamdan çıkdığı gibi doğru minâreye çıkar. Ögle vakti olduğu hâlde Hoca temcîd[3]

---

1   Söylemekliğim: Söylememe
2   Ber-mu'tâd: Alışıla geldiği üzere, her zamanki gibi.
3   Temcîd: Sabah namazı vaktinden evvel minarelerde belli makamlarda söylenen Arapça niyaz ilâhisi .

ابتدای لطائف

خواجه نصر الدين افندی آقشهرده بركون وعظ ايچون كرسی يه چيقوب «أي مؤمنلر، بن سزه نه سويليه‌يه‌جكم بيلير‌ميسكز» ديمش جماعت «بيلمه‌يز» ديمه‌لريله خواجه «سز بيلمه‌ينجه بن سزه نه سويله‌يه‌يم» دييوب كرسيدن اينر، بيراقير كيدر. ينه بر كون كرسی يه چيقوب اولكی سؤالنی تكرار ايدنجه بو سفرده جماعت «بيليرز» ديرلر. خواجه «مادامكه بيليورسكز، او صورتده بنم سويله‌مكلكمه نه لزوم قالير» دير، ينه بيراقير كيدر. جماعت حيرتده قاله‌رق «افندی بر دها كرسی يه چيقارسه كيممز بيلير، كيممز بيلمه‌يز» ديمكه قرار ويررلر. خواجه ينه بر كون كرسی يه چيقوب بر معتاد اهالی يه سؤال ايدوب ده «كيممز، بيليرز، كيممز بيلمه‌يز» جوابنی آلنجه خواجه جدّيتنه هيچ خلل كتيرمه‌يه‌رك «نه قدر اعلا. اويله ايسه بيلنكز بيلمه‌ينكزه اوكرتسين» ديمش.

‖لطيفه‖ خواجه بركون وعظ اثناسنده ديمش كه: ای مسلمانلر حق تعالی يه شكر ايدك كه دوه‌يه قاناد ويرمه‌دی. يوقسه طاملريكزی باشكزه ييقاردی.

‖لطيفه‖ ينه بركون خواجه قونيه‌ده وعظ اثناسنده «مسلمانلر. بو شهرك هواسيله بزم شهرك هواسی بردر» دييوب جماعت «نه‌دن بيلدك» دينجه خواجه «آق شهرده نه قدر ييلديز وار ايسه بورا‌ده‌ده او قدر وار» ديمش.

‖لطيفه‖ بركون خواجه حمامه كيدر. تصادف حمام تنها اولمغله كندی كندينه (قايا باشی) سويله‌مكه باشلار. كندی سسی يك خوشنه كيدر. «مادامكه بنم بويله چوق وكوزل سسم وارمش. نيچون مسلمانلرده ديكلتمه‌يه‌يم» دييه حمامدن چيقديغی كبی طوغری مناره‌يه چيقار. اويله وقتی اولديغی حالده خواجه تمجيد

okumağa başlar. Aşağıdan birisi "Be câhil herîf, böyle kerîh sadâ ile vakitsiz temcîd okumağa ne mecbûriyetin var" deyince Hoca minâreden eğilüp o adama "Ah bir sâhib-i hayr buraya bir hamam yapdıra idi de sen anlaya idin benim sesimin güzelliğini" demiş.

(Latîfe): Hoca'ya bir gece rüyâsında dokuz akçe vermişler "Hiç olmazsa şunu on akçe yapın" diye nizâ' eylediği esnada uyanup avucunda bir şey olmadığını görünce heman sıkı gözlerini kapayup elini uzatarak "Getir bârî dokuz akçe olsun" demiş.

(Latîfe): Hoca birgün şehir hâricinde musallâda[4] gezerken karşıdan bir hayli atlılar geldiğini görür. Havfından[5] heman elbisesini çıkarup uryân[6] olduğu hâlde yarı beline kadar bir kabir çukurına sokulur. Atlılar Hoca'yı görüp "Bre adam kabir içinde ne işin var" demeleriyle Hoca bir lakırdı bulamayup "Ben ehl-i kubûrdanım[7]. Şöyle seyre çıkmış idim" demiş.

(Latîfe): Hoca bir sabah bir bağçeye girüp eline geçirdiği kavunu, karpuzu, havucu, şalgamı elindeki çuvala doldurmakda iken bağçıvân ansızın Hoca'nın üstüne çullanır. Hoca pek ziyâde korkar bağçıvân "Burada ne ararsın" deyince Hoca şaşırup telâşla "Akşamki dehşetli fırtına beni buraya atdı" der. Bağçıvân "Ey bunları kim kopardı" demesiyle "Fırtına beni oradan oraya atdıkca ben de her neye yapışdımsa elimde kaldı" cevâbını verir. Tekrâr bağçıvân "Pek a'lâ. Ya bunları çuvala kim doldurdu" deyince Hoca "Evet. İşte ben de onu düşünüyorum" demiş.

(Latîfe): Hoca Efendi, rahmetullahi aleyh, Konya'ya gidiğinde bir helvacı dükkânına girer, iki tarafına ülfet etmeden doğru

---

4 Musallâ: 1. Namaz kılmaya mahsus açık yer. 2. Cami civarında cenaze namazı kılınan yer.
5 Havf: Korku.
6 Uryân: Çıplak.
7 Ehl-i kubûr: Ölüler.

اوقومغه باشلار. آشاغیدن بریسی «به جاهل حریف. بویله کَریهْ صدا
ایله وقتسز تمجید اوقومغه نه مجبوریتك وار» دینجه خواجه منارهدن
اكیلوب او آدمه «آه بر صاحب خیر بورایه بر حمام یاپدیره ایدی ده
سن آكلایه ایدك بنم سسملك كوزللكنی» دیمش.

﴿لطیفه﴾ خواجهیه بر كیجه رؤیاسنده طوقوز آقچه ویرمشلر.
«هیچ اولمزسه شونی اون آقچه یاپك» دییه نزاع ایلهدیكی اثناده
اویانوب آووجنده برشی اولمهدیغنی كورنجه همان صیقی كوزلرینی
قاپایوب الینی اوزاتهرق «كتیر باری طوقوز آقچه اولسون» دیمش.

﴿لطیفه﴾ خواجه بر كون شهر خارجتده مُصَلّاده كزركن
قارشیدن برخیلی آتلیلر كلدیكنی كورور. خوفندن همان البسهسنی
چیقاروب عریان اولدیغی حالده یاری بلینه قدر بر قبر چوقورینه
صوقولر. آتلیلر خواجهیی كوروب «بره آدم قبر ایچنده نه ایشك
وار» دیمهلریله خواجه بر لاقیردی بولهمایوب «بن اهل قبوردنم.
شویله، سیره چیقمش ایدم» دیمش.

﴿لطیفه﴾ خواجه بر صباح بر باغچهیه كیروب الینه كچیردیكی
قاوونی، قارپوزی خاووجی، شالغامی النده كی چوواله طولدورمقده
ایكن باغچوان آنسزین خواجهنك اوستنه چوللانیر. خواجه پك
زیاده قورقار باغچوان «بوراده نه آرارسین» دینجه خواجه شاشیروب
تلاشله «آقشامكی دهشتلی فیرطینه بنی بورایه آتدی» دیر. باغچوان
«ای. بونلری كیم قوپاردی» دیمهسیله «فیرطینه بنی اورادن اورایه
آتدقچه بن ده هرنهیه یاپشدمسه النده قالدی» جوابنی ویرر. بتكرار
باغچوان «پك اعلا. یا، بونلری چوواله كیم طولدوردی» دینجه
خواجه «اوت. ایشته بن ده اونی دوشونیوردم» دیمش.

﴿لطیفه﴾ خواجه افندی، ,رحمة الله علیه ,قونیهیه كیتدیكنده
بر حلواجی دكانه كیرر، ایكی طرفنه التفات ایتمهدن همان طوغرو

destgâha yanaşup "Bismillah" diyerek heman helvayı yemeğe koyulur. Helvacı "Be adam parasız pulsuz ümmet-i Muhammed'in helvasını ne hakla yiyorsun" diye Hoca'yı dögmege başlayınca Hoca der ki: "Bu Konyalılar ne iyi adamlardır. Helvayı adama döge döge yedirirler".

(Latîfe): Bir Ramazân-ı Şerîf geldikde Hoca merhûm kendi kendine "Ne içün halka uyup da oruç tutucağım. Bir çölmek tedârik ederim. Günde çölmege birer dane taş bırakırım. Taş otuzu bulunca bayramımı ederim" diyerek peydâ eylediği çölmege günde birer taş atmağa başlar. Kızı görüp bir avuç taş da o doldurur. Birgün Hoca'ya "Bugün ayın kaçıdır" derler. Hoca "Biraz sabr edin de bakayım. Haber vereyim" deyüp eve gelir, çölmegi boşaldır, saymağa başlar. Bakar ki taş tam yüz yirmi aded olmuş. Kendi kendine "Eğer ben bunun doğrusunu söylersem sersemliğime hükm ederler" deyüp verdiği karâr üzerine halkın yanına gelince "Bugün ayın temam kırk beşidir" der. Derler ki: "Hoca efendi, bir ay topu otuz gündür. Hoca cevâben der ki: " Ben yine insâflı söyledim. Eğer çömlek hesâbına bakacak olursanız bugün ayın yüz yirmisidir".

(Latîfe): Hoca'ya "Yeniay girince eski ayı ne yaparlar" diye sormuşlar. "Kırparlar, kırparlar yıldız yaparlar" demiş.

(Latîfe): Bir aralık Hoca yumurtanın dokuzını bir akçeye alup başka bir pazara giderek onunu satarmış. Hoca Efendi, ziyânına bu ne biçim ticâretdir" diye soruldukda Hoca Efendi "Ziyân da fâ'idedendir. Tek dostlar bizi alışverişde görsün" demiş.

(Latîfe): Birgün Hoca Nasreddîn bir ırmak kenârında otururken on dâne a'mâ[8] gelir. Irmağın öte tarafına birer yolla geçirmek içün

---

[8]   A'mâ: Kör.

دستكاهه ياناشوب «بسم الله» ديەرك همان حلوايى يمكه قويولور. حلواجى «به آدم پارەسز، پولسز امت محمدك حلواسنى نه حقله يیورسین، دىيه خواجەيى دوكمكه باشلاينجه خواجه دير كه: بو قونیەلیلر نه ایی آدملردر. حلوایى آدمه دوكه دوكه یدیررلر

(لطيفه﴿ بر رمضان شریف كلدكده خواجه مرحوم كندى كندينه «نه ايچون خلقه اويوب ده اوروج طوتەجغم. بر چولمك تدارك ايدرم. كونده چولمكه برر دانه طاش بيراقيرم. طاش اوتوزى بولنجه بايراممى ايدرم» ديەرك پيدا ايلەديكى چولمكه كونده برر طاش آتمغه باشلار. قيزى كوروب بر آوج طاش ده او طولدورور. بر كون خواجەيه «بوكون آيك قاچيدر» ديرلر. خواده «براز صبر ايدك ده باقەيم. خبر ويرەيم» دیوب اوه كلير، چولمكى بوشالتير، صايمغه باشلار. باقار كه طاش تام يوز يكرمى عدد اولمش. كندى كندينه «اكر بن بونك طوغروسنى سويلرسەم سرسملكمه حكم ايدرلر» ديوب ويرديكى قرار اوزرينه خلقك ياننه كلنجه «بوكون آيك تمام قرق بشيدر» دير. ديرلر كه: خواجه افندى. بر آى طوپی اوتوز كوندر. خواجه جواباً دير كه: بن ينه انصافلى سويلەدم. اكر چوملك حسابنه باقەجق اولورسەكز بوكون آيك يوزيكرميسدر.

﴿لطيفه﴾ خواجەيه «يكى آى كيرنجه اسكى آيى نه ياپارلر» دىيه صورمشلر. «قيرپارلر، قيرپارلرده يلديز ياپارلر» ديمش.

﴿لطيفه﴾ بر آرالق خواجه يومورطەنك طوقوزنى بر آقچەيه آلوب باشقه بر پازاره كيدرك اونى صاتارمش. «خواجه افندى. زياننه بو نه بيچيم تجارتدر» دىيه صورولديقده خواجه افندى «زيانده فائدەدندر. تك دوستلر بزى آليش ويرشده كورسون» ديمشدر.

﴿لطيفه﴾ بركون خواجه نصر الدين بر ايرماق كنارنده اوتورورکن اون دانه اعمى كلير. ايرماغك اوته طرفنه برر پوله كچيرمك ايچون

٧

Hoca ile mukavele⁹ ederler. Hoca bunları sırtında birer birer taşırken nasılsa birini yarı yolda düşürür. Su alır götürür. A'mâlar feryâda başlarlar. Hoca der ki: "Be şâmâtacı herîfler. Ne bağırup çağırıyorsunuz. Ben vazgeçdim, bir pul eksik verin."

(Latîfe): Birgün bir adam avucunda tutduğu yumurtayı işâret ederek "Hoca Efendi, şu avucumdakini bilirsen sana bundan bir kayganalık¹⁰ vereyim" dedikde Hoca "Birâz şeklini ta'rîf eyle. Bilirim" der. O adam "Dışı beyaz, içi sarıdır" diye îzâh edince Hoca "Bildim, bildim. Şalgamı soymuşlar, ortasını oymuşlar, içine havuc koymuşlar" demişdir.

(Latîfe): Birgün Hoca Nasreddîn Efendi pazarda gezerken bir herîf "Hoca, bugün ayın üçü mü, dördü mü" diye sordukda "Vallah bilmem. Şu günlerde ay alup satdığım yokdur" demişdir.

(Latîfe): Hoca birgün omuzuna bir nerdübân¹¹ alup bir bağçe dîvârına¹² dayar, yukarı çıkar. Sonra nerdübânı yukarı çeküp bağçenin içerisine dayar. Bağçeye iner. Meger bağçıvân bu hâli görürmüş. Heman Hoca'nın yanına gelüp "Sen kimsin. Burada ne ararsın" dedikde Hoca fütûrsuz "Nerdübân satarım" der. Bağçıvân "Burada nerdübân satılır mı" demekle "Be hey câhil herîf. Nerdübân nerede olsa satılır" demişdir.

(Latîfe): Birgün Hoca'nın tarlasına bir öküz girer. Hoca eline bir sopa alup üzerine hücûm edince öküz kaçar. Bir hafta sonra öküzü bir köylü arabaya koşmuş gidiyormuş. Hoca öküzü görünce heman bir odun yakalayup öküze urmağa başlar.

---

⁹ Mukavele: Sözleşme, anlaşma.
¹⁰ Kaygana: Yumurta ve un ile yapılan bir tür yiyecek.
¹¹ Nerdübân: Merdiven.
¹² Dîvâr: Duvar.

خواجه ایله مقاوله ایدرلر. خواجه بونلری صیرتنده برر برر طاشیرکن ناصلسه برینی یاری یولده دوشورر. صو آلیر کوتورور. اعمالر فریاده باشلارلر. خواجه دیر که: به شاماطهجی حریفلر. نه باغیروب چاغیریورسکز. بن واز کچدم، بر پول اکسیک ویرك.

﴾لطیفه﴿ برکون بر آدم آووجنده طوتدیغی یومورطهیی اشارت ایدرك «خواجه افندی. شو آووجمدهکینی بیلیرسهك سکا بوندن بر قایغانهلق ویرهیم» دیدکده خواجه «براز شکلنی تعریف ایله. بیلیرم» دیر. او آدم «طیشی بیاض، ایچی صاریدر» دییه ایضاح ایدنجه خواجه «بیلدم، بیلدم. شالغامی صویمشلر، اورتهسنی اویمشلر، ایچنه هاووج قویمشلر» دیمشدر.

﴾لطیفه﴿ برکون خواجه نصر الدین افندی پازارده کزرکن بر حریف «خواجه. بوکون آیك اوچیمی، دورديمی» دییه صوردقده «والله یلمم. شو کونلرده آی آلوب صاتدیغم یوقدر» دیمشدر.

﴾لطیفه﴿ خواجه برکون اوموزینه بر نردبان آلوب بر باغچه دیوارینه طایار، یوقاری چیقار. صوکره نردبانی یوقاری چکوب باغچهنك ایچریسنه طایار. باغچهیه اینر. مکر باغچوان بو حالی کوریورمش. همان خواجهنك یاننه کلوب «سن کیمسین. بوراده نه آرارسین» دیدکده خواجه فتورسز «نردبان صاتارم» دیر. باغچوان «بوراده نردبان صاتیلیرمی» دیمکله «بهی جاهل حریف. نردبان نرهده اولسه صاتیلیر» دیمشدر.

﴾لطیفه﴿ برکون خواجهنك تارلاسنه بر اوکوز کیرر. خواجه الینه بر صوپا آلوب اوزرینه هجوم ایدنجه اوکوز قاچار. بر هفته صوکره اوکوزی بر کویلی آرابهیه قوشمش کیدییورمش. خواجه اوکوزی کورنجه همان بر اودون یاقهلایوب اوکوزه اورمغه باشلار.

Köylü "Bre adam! Benim öküzümden ne istersin" deyince Hoca "Sen halt etme câhil köpek! O kabâhatini bilir" demişdir.

(Latîfe): Birgün Hoca bir ırmak kenârında abdest alırken pabucu düşer. Su alır, götürür. Hoca pabucu kurtaramayacağını anlayınca bir kenâra çekilüp bir zarta[13] çekerek "Al abdestini, getir pabucumu" demişdir.

(Latîfe): Hoca birgün ahbâbına vasiyet edüp "Öldügüm vakt beni eski kabre koyunuz" der. Sebebini suâl edenlere "Suâl melekleri geldiği vakitde 'Bana suâl olundu. Baksanız a kabrim bile eskidir' der yakayı kurtarırım" demişdir.

(Latîfe): Birgün Hoca bir ata binmek ister. Hayvân yüksek olduğu içün sıçrayup binemez. "Ah gidi gençlik" der. Etrâfına bakar kimse yok. "Gençliğinde de bir hayırlı uğursuz degil idin ya" demişdir.

(Latîfe): Birgün Hoca Efendi siyah elbise giyüp tâşra[14] çıkmış. Ba'zı herze-vekîller[15] "Hoca Efendi ne oldun. Karalar giymişsin" diye suâl eylediklerinde Hoca "Oğlumun babası merhûm oldu da onun yasını tutarım" demişdir.

(Latîfe): Yaz mevsiminde birgün Hoca Efendi uzak yoldan gelirken kendisini şiddetli bir harâret alır. O aralık bir çeşmeye tesâdüf eylemişse de bakar ki lülesine bir ağaç sokmuşlar. Hoca su içmek içün ağacı çeküp çıkardığı gibi su kuvvetlice fışkırup Hoca'nın üstünü başını ıslatınca Hoca fevkalâde hiddetlenüp "İşte böyle deli deli akdığın için dibine bu kazığı tıkmışlar" demişdir.

---

[13] Zarta: Yellenme.
[14] Tâşra: Dışarı.
[15] Herze-vekîl: Her işe karışıp boşboğazlık eden, saçma sapan konuşan.

كويلی «بره آدم. بنم اوكوزمدن نه ايسترسين» دينجه خواجه «سن خلط ايتمه جاهل كوپك! او قباحتنی بيلير» ديمشدر.

«لطيفه» بركون خواجه بر ايرماق كنارنده آبدست آليركن پابوجی دوشر. صو آلير، كوتورر. خواجه پابوجی قورتاره‌مايه‌جغنی آكلاينجه بر كناره چكيلوب بر ظرطه چكه‌رك «آل آبدستكی، كتير پابوجمی» ديمشدر.

«لطيفه» خواجه بركون احبابنه وصيت ايدوب «اولدوكم وقت بنی اسكی قبره قويكز» دير. سببنی سؤال ايدنلره «سؤال ملكلری كلديكی وقتده (بكا سؤال اولندی. باقسه‌كز آ. قبرم بيله اسكيدر.) دير ياقايی قورتاريرم» ديمشدر.

«لطيفه» بركون خواجه بر آته بينمك ايستر. حيوان يوكسك اولديغی ايچون صيچرايوب بينه‌مز. «آه، گيدی كنجلك» دير. اطرافنه باقار كيمسه يوق. «كنجلكده‌ده بر خيرلی اوغورسز دكل ايدكُ يا» ديمشدر.

«لطيفه» بركون خواجه افندی سياه البسه كييوب طاشره چيقمش. بعض هرز وكيللر «خواجه افندی نه اولدك. قاره‌لر كيمك» ديبه سؤال ايله‌دكلرنده خواجه «اوغلمك باباسی مرحوم اولدی ده اونك ياسينی طوتارم» ديمشدر.

«لطيفه» ياز موسمده بركون خواجه افندی اوزاق يولدن كليركن كندينی شدتلی بر حرارت آلير. او آره‌لق بر چشمه‌يه تصادف ايله‌مشسه‌ده باقار كه لوله‌سنه بر آغاچ صوقمشلر. خواجه صو ايچمك ايچون آغاجی چكوب چيقارديغی كبی صو قوّتليجه فيشقيروب خواجه‌نك اوستنی باشنی ايصلاتنجه خواجه فوق العاده حدتله‌نوب «ايشته بويله دلی دلی آقديغك ايچون ديبكه بو قازيغی طيقمشلر» ديمشدر.

(Latîfe): Birgün Hoca yanına birkaç karpuz alup dağa odun kesmege gitmiş. Susadığı vakt karpuzun birini keser. Tatsız diye atup birini daha keser. Velhâsıl[16] cümlesini kesüp birâzını yer, bâkisini de oradaki mülevvesât[17] içine atar. Bir zamân sonra yine harâret alır. Su bulamayınca televvîs etdiği karpuzların başına çöküp "Şuna degmiş, buna degmemiş" diyerek cümlesini yemiş.

(Latîfe): Hoca Nasreddîn Efendi'nin güzel bir kuzusu var imiş. Hiç yanından ayırmayup gayet i'tinâlıca beslediğinde türlü türlü şaklâbanlıklar yapup Hoca'yı eglendirirmiş. Ba'zı yârân kuzuyu gözlerine kesdirüp Hoca'yı iğfâl ederek elinden alup yemege karâr verirler. Birisi gelüp "Hoca Efendi bu gün yarın kıyâmet kopacak imiş. Bu kuzuyu ne yapacaksın. Getir şunu yiyelim" der. Hoca aldırmaz. Biri daha gelir, o da bu yolda asılır. Hoca onu da savar. Derken ta'cîzler tevâlî[18] eder. Artık Hoca bî-zâr[19] olup ertesi gün bir seyrân-gâhda[20] kesilerek ziyâfet çekilmesine karâr verilir. Kuzu kesilir, ateş yakılır, Hoca kuzuyu çevirmege başlar. Arkadaşlar dahi soyunup esvâbı[21] Hoca'ya teslîm ederek her biri bir tarafa oynamağa giderler. Sevgili kuzusunu eliyle büryân etmek mecburiyet eylemesinde bulunan Hoca fırsatdan istifâde ederek esvâbın hepsini ateşe urup yakar. Biraz sonra koşmakdan yârânın karnı acıkup geri geldiklerinde görürler ki esvâbın cümlesi yanup kül olmuş. "Amân Hoca bunu kim yapdı" diye Efendi'nin üzerine hücûm eylemeleriyle Hoca der ki "Ey oğul, ne telâş ediyorsunuz. Yarın kıyâmet kopacak imiş. Ne yapacaksınız esvâbı, esbâbı"

---

16 Velhâsıl: Sözün kısası, kısacası.
17 Mülevvesât: Pislikler, kirlilikler, çer-çöp.
18 Tevâlî: Birbiri arkasından gelme, arası kesilmeksizin devam etme, sürme.
19 Bî-zâr: Rahatsız, bıkmış, usanmış.
20 Seyrân-gâh: seyir, eğlence, gezi yeri.
21 Esvâb: elbiseler, kıyafetler.

﴿لطيفه﴾ بركون خواجه ياننه بر قاچ قارپوز آلوب طاغه
اودون كسمكه كيتمش. صوصاديغى وقت قارپوزك برينى
كسر. طاتسز دييه آتوب برينى دخى كسر. والحاصل جملهسنى
كسوب برازنى ير، باقيسنى ده اورادهكى ملوثات ايچنه آتار. بر
زمان صوكره ينه حرارت آلير. صو بولهماينجه تلويث ايتديكى
قارپوزلرك باشنه چوكوب «شوكا دكمش، بوكا دكمهمش» ديهرك
جملهسنى يمش.

﴿لطيفه﴾ خواجه نصر الدين افندينك كوزل بر قوزوسى
وار ايمش. هيچ يانندن آييرمايوب غايت اعتناليجه بسلهديكندن
تورلو تورلو شاقلابانلقلر ياپوب خواجهيى اكلنديررمش. بعض
ياران قوزويى كوزلرينه كسديروب خواجهيى اغفال ايدرك الندن
آلوب يمكه قرار ويررلر. بريسى كلوب «خواجه افندى. بوكون
يارين قيامت قوپاجق ايمش. بو قوزويى نه ياپهجقسين. كتير،
شونى ييهلم» دير. خواجه آلديرمز. برى دها كلير. اوده بو يولده
آصيلير. خواجه اونى ده صاوار. ديركن تعجيزلر توالى ايدر.
ارتق خواجه بيزار اولوب ايرتهسى كون بر سيرانكاهده كسيلهرك
ضيافت چكلمهسنه قرار ويريلير. قوزو كسيلير، آتش ياقيلير،
خواجه قوزويى چويرمكه باشلار. آرقهداشلر دخى صويونوب
اثوابى خواجهيه تسليم ايدرك هربرى بر طرفه اوينامغه كيدرلر.
سوكيلى قوزوسنى الىله بريان ايتمك مجبوريت اليمهسنده بولونان
خواجه فرصتدن استفاده ايدرك اثوابك هپسنى آتشه اوروب ياقار.
برآز صوكره قوشمقدن يارانك قارنى آجيقوب كرى كلدكلرنده
كورورلر كه اثوابك جملهسى يانوب كول اولمش. «آمان خواجه
بونى كيم ياپدى» دييه افندينك اوزرينه هجوم ايلهمهلريله خواجه
ديركه: آى اوغول. نه تلاش ايديورسكز. يارين قيامت قوپهجق
ايمش. نه ياپهجقسكز اثوابى، اسبابى.

(Latîfe): Bir gece Hoca'nın evine hırsız girüp birçok eşyâsını yüklenerek giderken Hoca da kendi yatdığı odanın eşyâsını omuzlayup hırsızı ta'kib eder. Hırsız evine girince Hoca da ardınca duhûl[22] etmek ister. Hırsız "Benim evimde ne işin var" dedikde Hoca "Ya biz bu eve göç etmedik mi" demişdir.

(Latîfe): Birgün Hoca'ya birkaç efendi gelüp "Okur-yazar geçinirsin ama Farisî bilmezsin" derler. Hoca "Niçün bilmem" der. "Bilirsen bize bir beyit oku da işidelim" demeleriyle Hoca bedâheten[23]:

Reftem becâ-yı servîler

Gördüm dokuz kurd âmedend

Birkaçını yatırladım

Birkaçı tarla mirvend

demekle mollâlar "Eyvallah" deyüp Hoca'nın iktidârını teslîm ederler.

(Latîfe): Birgün Hoca komşusundan bir kazan ister. İşini bitirdikden sonra kazanın içine bir küçük tencere koyup götürür, sâhibine verir. Sâhibi kazanın içinde tencereyi görünce "Bu nedir" diye Hoca'dan sorar. Hoca "Kazanınız doğurdu" demekle komşu "Pek-a'lâ" diyüp tencereyi kabullenir. Yine birgün Hoca kazanı ister, alır götürür. Sâhibi bir hayli müddet bekler. Bakar ki kazan gelmez. Hoca'nın evine gelir. Kapuyu çalar. Hoca kapuya gelüp "Ne istersin" diye sorar. Komşu "Kazanı isterim" der. Hoca "Sen sağ ol kazan merhûm oldu" cevâbını verir. Komşu hayretle "Hoca Efendi, hiç kazan merhûm olur mu" dedikde Hoca "Ya doğurduğuna inanırsın da öldüğüne inanmaz mısın" demişdir.

---

[22] Duhûl: Dahil olmak, girmek.

[23] Bedâheten: Birdenbire, ansızın, düşünmeksizin,

﴿لطيفه﴾ بركيجه خواجهنك أوينه خيرسز كيروب بر چوق اشياسنى يوكلنهرك كيدركن خواجهده كندى ياتديغى اوطهنك اشياسنى اوموزلايوب خيرسزى تعقيب ايدر. خيرسز اوينه كيرنجه خواجهده آردنجه دخول ايتمك ايستر. خيرسز «بنم اومده نه ايشك وار» ديدكده خواجه «يا بز بو أوه كوچ ايتمهدكمى» ديمشدر.

﴿لطيفه﴾ بركون خواجهيه بر قاچ افندى كلوب «اوقور يازار كچينيرسين اما فارسى بيلمزسين» ديرلر. خواجه «نيچون يلمم» دير «بيليرسهك بزه بر بيت اوقوده ايشيدهلم» ديمهلريله خواجه بداهةً:

رفتم بجاى سرويلر * كوردم طوقوز قورد آمدند

برقاچنى ياتيرلادم * برقاچى تارلا ميروند

ديمكله ملالر «أي والله» ديوب خواجهنك اقتدارينى تسليم ايدرلر.

﴿لطيفه﴾ بركون خواجه قومشوسندن بر قازان ايستر. ايشنى بيتيردكدن صوكره قازانك ايچنه بر كوچوك تنجره قويوب كوتورور، صاحبنه ويرر. صاحبى قازانك ايچنده تنجرهيى كورونجه «بو نهدر» دييه خواجهدن صورار. خواجه «قازانكز طوغوردى» ديمكله قومشو «پك اعلا» ديوب تنجرهيى قبوللانير. ينه بركون خواجه قازانى ايستر، آلير كوتورور. صاحبى برخيلى مدت بكلر. باقاركه قازان كلمز. خواجهنك أوينه كلير. قاپويى چالار. خواجه قاپويه كلوب «نه ايسترسين» دييه صورار. قومشو «قازانى ايسترم» دير. خواجه «سن صاغ اول قازان مرحوم اولدى» جوابنى ويرر. قومشو كمال حيرتله «خواجه افندى، هيچ قازان مرحوم اولورمى» ديدكده خواجه «يا طوغورديغنه اينانيرسين ده اولديكنه اينانمزمسين» ديمشدر.

(Latîfe): Birgün Hoca bir leylek tutup evine getirerek uzundur diye gagalarını, ayaklarını kesmiş. Şöyle bir yüksek yere oturtmuş. "İşte şimdi kuşa döndün" demişdir.

(Latîfe): Hoca bir istihâlî[24] zamânda seferdeki sıcak çorbaya kaşığını daldırup heman mi'deye indirince dudaklarından karnına kadar ateşler içinde kalmakla bağırarak sokağa fırlar. Önüne gelene "Savulun kardaşlar karnımda yangın var" der.

(Latîfe): Bir mollâ esna-yı seyâhatda[25] mülâki olduğu arifâya ba'zı müşkilâtını suâl eder. Birisi "Bu gibi şeyleri bilse bilse Akşehir'den Hoca Nasreddîn bilir" der. Mollânın yolu Akşehir'e dahi uğrayup hâric-i şehirde[26] sırtı kebeli, ayağı çarıklı, başı sarıklı çift sürmekle meşgul bir kimseye tesâdüf eder. Meğer Hoca-ı merhûm kendisi imiş. Yanına varup selâm verir. Sohbet esnasında ba'zı müşkilâtı olduğunu beyân edüp suâle tasaddî[27] eder. Hoca, mollânın mendilinde güzel narlar görüp "Ücret olarak şu narlardan bana virirsen senin müşkilini hal ederim" der. Mollâ her ne sorduysa narları alarak cevâbını verirmiş. Nihâyet nar bitmiş mollâ "Bir müşkilim daha kaldı. Şunu da lütf it" dedikde Hoca "Yürü var. Halt etme. Narların tükendi" deyüp kalkar, çiftle meşgul olur. Mollâ "Diyâr-ı Rumun[28] çiftçisi böyledir. Ya ulemâsı nice olsa gerek" deyüp çıkmış gitmiş.

(Latîfe): Birgün Hoca görür ki bınar başında birçok ördekler oynar. Hoca tutayım diye segirdince kaçarlar. Hoca bınar başına oturup elindeki etmegi suya batıra batıra yemege

---

[24] İstihâle: imkansızlık, mümkün olmayış, zor zamanlar.
[25] Esna-yı seyâhat: Yolculuk esnasında.
[26] Hâric-i şehir: Şehir dışında.
[27] Tasaddî: Bir işe girişme, başlama.
[28] Diyâr-ı Rum: Anadolu.

‹‹لطيفه›› بركون خواجه بر ليلك طوتوب أوينه كتيرەرك اوزوندر دييه غاغەلرينى، آياقلرينى كسمش. شويله بر يوكسك يره اوطورتمش. ‹‹ايشته شيمدى قوشه دوندك›› ديمشدر.

‹‹لطيفه›› خواجه بر اشتهالى زمانننده سفرەدەكى صيجاق چوربايه قاشيغى طالديروب همان معدەيه اينديرنجه طوداقلرندن قارننه قدر آتشلر ايچنده قالمقله باغيرەرق سوقاغه فيرلار. اوڭه گلنه ‹‹صاووللك قارداشلر قارنمده يانغين وار›› دير.

‹‹لطيفه›› بر ملا اثناى سياحتنده ملاقى اولديغى عرفايه مشكلاتنى سؤال ايدر. بريسى ‹‹بوكبى شيلرى بيلسه بيلسه آق شهرده خواجه نصر الدين بيلير›› دير. ملانك يولى آقشهره دخى اوغرايوب خارج شهرده صيرتى كبەلى، آياغى چاريقلى، باشى صاريقلى چيفت سورمكله مشغول بركيمسەيه تصادف ايدر. مكر خواجه مرحوم كنديسى ايمش. ياننه واروب سلام ويرير. صحبت اثناسنده بعض مشكلاتى اولديغنى بيان ايدوب سؤاله تصدّى ايدر. خواجه ملانك منديلنده كوزل نارلر كوروب ‹‹اجرت اولەرق شو نارلردن بكا ويررسەك سنك مشكلكى حل ايدرم›› دير. ملا هر نه صورديسه نارلرى آلەرق جوابنى ويررمش. نهايت نارلرى آلەرق جوابنى ويررمش. نهايت نار بيتمش ملا ‹‹بر مشكلم دها قالدى. شونى ده لطف ايت›› ديدكده خواجه ‹‹يورى وار. خلط ايتمه. نارلرك توكندى›› دييوب قالقار، چفتيله مشغول اولور. ملا ‹‹ديار رومك چفتجيسى بويلەدر. يا علماسى نيجه اولسه كرك›› دييوب چيقمش كيتمش.

‹‹لطيفه›› بركون خواجه كورورکه بر بيكار باشنده برچوق اوردكلر اوينار. خواجه طوتەيم دييه سكيردنجه قاچارلر. خواجه بيكار باشنه اوطوروب الندەكى اتمكى صويه، باتيره باتيره يمكه

١٧

başlar. Birisi "Hoca Efendi! Âfiyet olsun. Ne yiyorsun" diye sorunca "Ördek çorbası" demişdir.

(Latîfe): Hoca Nasreddîn Efendi'den bir herîf urgan istemiş. Hoca içeri girüp çıkarak "İp boş değildir. Kadınlar üstüne un sermişler" demiş. Herîfin tekrâr "Efendi bu nasıl işdir? İpe un serilir mi" yolunda ta'rîzane dahi "Vermege gönlün olmayınca ipe un serilir" demişdir.

(Latîfe): Birgün Hoca'nın yanına bir zât gelir uzun müddet dakk vulak sohbet eder. Giderken Hoca "Afv edersiniz, dayanamadım. Siz kimsiniz" der. O zât da "O sûretde aramızda uzun bir mu'ârrefe²⁹ var imiş ki şimdiye kadar lâübâliyâne nasıl konuşdunuz" demekle Hoca dahi " Bakdım ki tâcın tâcıma, kaftanın kaftanıma benzer. Ben seni kendim sandım" demiş.

(Latîfe): Birgün Hoca tavuklarını bir kafese doldurup Akşehir'de Sivrihisar'a giderken "Hayvancağızlar sıcakda birbiri üstünde helâk olacaklar. Şu zavâllıları mahbûsdan³⁰ halâs edeyim³¹. Seleserpe yollarına devâm etsünler" diyerek salıverir. Tavukların her biri bir tarafa kaçar. Hoca eline bir degnek alup horosu önüne katup kovalamağa başlar. Ve "Gecenin yarısında sabah olduğu bilirsiz de öyle zamânında Sivrihisar câddesini niçün bilmezsin" der.

(Latîfe): Birgün Hoca kabristân civârında gezerken nasılsa ayağı kayar. Bir eski kabrin içine düşer. Toz toprak olan elbisesini çıkarup üstü başını düzeltmege uğraşır. O anda hâtırına gelir ki: "Şurada kendimi ölü yerine koyayım bakayım Münker, Nekir gelir mi".

---

²⁹ Mu'arref: tanışıklık, bildik
³⁰ Mahbûs: Hapsedilmiş.
³¹ Halâs etmek: Kurtarmak.

باشلار. بریسی «خواجه افندی! عافیت اولسون. نه ییورسین» دییه صورنجه «اوردك چورباسی» دیمشدر.

﴿لطیفه﴾ خواجه نصر الدین افندیدن بر حریف اورغان ایسته‌مش. خواجه ایچری كیروب چیقه‌رق «ایپ بوش دكلدر. قادینلر اوستونه اون سرمشلر» دیمش. حریفك بتكرار «بو ناصل ایشدر. ایپه اون سیریلیرمی» یولنده تعریضنه دخی «ویرمكه كوكلم اولماینجه ایپه اون سریلیر» دیمشدر.

﴿لطیفه﴾ بركون خواجه‌نك یاننه بر ذات كلیر اوزون مدت دَقّ اُلَق صحبت ایدر. كیدركن خواجه «عفو ایدرسكز، طانیه‌مه‌دم. سز كیمسیكز» دیر. او ذات ده «او صورتده آرامزده اوزون بر معارفه وار ایمش كبی شیمدی‌یه قدر لابالیانه ناصل قونوشدیكز» دیمكله خواجه دخی «باقدم كه تاج تاجمه، ففتانك قفتانمه بكزر. بن سنی كندم صاندم» دیمش.

﴿لطیفه﴾ بركون خواجه طاووقلرینی بر قفسه طولدوروب اقشهردن سیوری حصاره كدركن «حیوانجغزلر» صیجاقده بربری اوستنده هلاك اوله‌جقلر شو زواللیلری محبوسدن خلاص ایده‌یم. سَلَسَرْپه یوللرینه دوام ایتسونلر» دییه‌رك صالی ویریر. طاووقلرك هربری بر طرفه قاچار. خواجه الینه بر دكنك آلوب خروسی اوكنه قاتوب قوغالامغه باشلار. و «كیجه‌نك یاریسنده صباح اولدیغنی بیلیرسین ده اویله زماننده سیوری حصار جاده‌سنی نیچون بیلمزسین» دیر.

﴿لطیفه﴾ بركون خواجه قبرستان جوارنده كزركن ناصلسه آیاغی قایار. بر اسكی قبرك ایچنه دوشر. طوز طوپراق اولان البسه‌سنی چیقاروب اوستنی باشنی دوزلتمكه اوغراشیر. او آنده خاطرینه كلیر كه: شوراده كندیمی اولو یرینه قویه‌یم باقه‌یم منكر نكیر كلیرمی.

١٩

Hoca bu hulyâda iken ileriden katırcılar hayvânlarını sür'atle sürerek mezâristâna doğru gelirler. Hoca yüzlerce çan sesini, hayvan gürültüsünü katırcı şamâtasını birden bire anlayamayarak, "Eyvâh ne aksi zamâna tesâdüf etdim. Kıyâmet kopuyor" diyerek şaşkınlıkla biraz öte beri çabalanup nihâyet mezârdan yukarı çıkar, kaçmak ister. O esnada tam katırlar da o hizâya tesâdüf eylemişler. Hoca'nın böyle ale'l-acâyib bir kıyâfetle mezârdan fırlamasından katırlar ürkerek karmakarışık olurlar, birbiri üstüne yığılırlar. Yükleri olan kase, billur, fincan, tabak makulesi eşyâ hurd u hâş[32] olur. Katırcılar da a'zam şaşalayup sopalarıyla Hoca'nın üzerine hücûm eylerler. "Sen kimsin, burada ne ararsın" derler. Hoca "Ehl-i âhiretim[33]. Dünyâyı seyre çıkmışdım" demekle yobaz herîfler: "Dur. Biz sana bir hoşca seyrân itdirelim" diye Hoca'yı bir iyi döğüp başını gözini yarmışlar. Hoca bin zahmet ve meşakkatle geceyarısı hânesine avdet[34] eylemiş. Karısı "Şimdiye kadar nerede kaldın" diye sormuş. "Mezâra düşdüm. Ölülere karışdım" demiş. Karı, "Öteki dünyâda ne var, ne yok" diye sorunca Hoca cevâben "Fincancı katırlarını ürkütmezsen bir şey yokdur" demişdir.

(Latîfe): Birgün Akşehir çocukları Hoca'yı hamama götürürler, yanlarına güzelce birer yumurta alırlar. Hepsi soyunup hamama girüp göbek taşı üzerine oturduklarında birbirlerine "Geliniz sizinle yumurtlayalım her kim yumurtlayamazsa hamamın masârfını o versin" deyüp kavl ü karâr[35] etmişler. Ba'dehu[36] tavuk gibi sıkınup "Gıd gıd gıdak... gıd gıd gıdak..." diyerek feryâd ederek berâberce getirdikleri yumurtaları yavaşça el çabukluğıyla mermerin üzerine bırakırlar. Hoca Efendi bunları görünce heman horos gibi

---

32 Hurd u hâş: Kırık dökük, param parça.
33 Ehl-i âhiret: Ölüler.
34 Avdet: varma, ulaşma.
35 Kavl ü karâr: Bir şeyi sözleşip bitirme
36 Ba'dehu: Daha sonra

خواجه بو خیالده ایکن ایلریدن قاطیرجیلر حیوانلرینی سرعتله
سورهرك مزارستانه طوغرو كلیرلر. خواجه یزلرجه چاك سسنی،
حیوان كورولتوسنی قاطیرجی شماطهسنی بردن بره آكلایهمایهرق
«ای واه نه عكسی زمانه تصادف ایتدم. قیامت قوپیور» دییهرك
شاشقینلقله براز اوته بری چابالانوب نهایت مزاردن یوقاری چیقار،
قاچمق ایستر. او اثناده تام قاطیرلرده او حذایه تصادف ایلمشلر.
خواجهنك بویله علی العجایب بر قیافتله مزاردن فیرلامهسندن
قاطیرلر اوركهرك قارمه قاریشیق اولورلر، بربری اوستنه ییغیلیرلر.
یوكلری اولان كاسه، بللور، فنجان، طاباق مقولهسی اشیا بوتون خرد
وخاش اولور. قاطیرجیلرده عظم شاشالیوب صوپالریله خواجهنك
اوزرینه هجوم ایلرلر. «سن كیمسین بوراده نه آرارسین» دیرلر.
خواجه «اهل آخرتم. دنیایی سیره چیقمشدم» دیمكله یوباز حریفلر
«طور. بز سكا بر خوشجه سیران ایتدیرهلم» دییه خواجهیی بر أیی
دوكوب باشنی كوزینی یارمشلر. خواجه بیك زحمت ومشقتله كیجه
یاریسی خانهسنه عودت ایلهمش. قاریسی «شیمدی یه قدر نرهده
قالدك» دییه صورمش «مزاره دوشدم. اولولره قاریشدم» دیمش.
قاری «اوتهكی دنیاده نه وار، نه یوق» دییه صورنجه خواجه جواباً
«فنجانجی قاطیرلرینی اوركوتمزسهك برشی یوقدر» دیمشدر.

﴿لطیفه﴾ بركون آقشهر چوجقلری خواجهیی حمامه كوتورورلر
یانلرینه كیزلیجه برر یومورطه آلیرلر. هپسی صویونوب حمامه
كیروب كوبك طاشی اوزرینه اوتوردقلرنده بربرلرینه «كلیكز سزكله
یومورطلایهلم هر كیم یومورطلایهمزسه حمامك مصارفی او
ویرسین» دییوب قول وقرار ایتمشلر. بعده طاووق كبی صیقینوب
«غید غید غیداق... غید غید غیداق...» دییهرك فریاد ایدرك
برابرجه كتیردكلری یومورطهلری یواشجه ال چابوقلغیله مرمر
اوزرینه بیراقیرلر. خواجه افندی بونلری كورنجه همان خروس كبی

çırpınup ötmeğe başlar. Çocuklar "Hoca Efendi ne yapıyorsun" dediklerinde "Bu kadar tavuğa bir horos lâzım değil mi" demiştir.

(Latîfe): Hoca'yı elçilikle Kürdistan'a göndermişler. Kürd begleri Hoca'ya azîm ikrâm edüp bir mükemmel ziyâfet keşîde[37] eylemişler. Hoca dahi heybetli bir sarık sarup kürkünü giymiş ve monlâsını[38] arkasına alarak vakar[39] ile ziyâfete hâzır olmuş. Hoca meşrebine muhâlif olarak icrâ olunan teklîf ve tekellüften bî-zâr[40] olup sıkılup nâgehân[41] bir zarta[42] kaçırıvermiş. Esna-yı avdetde[43] yolda monlâ "Efendi Beg ayıb oldu" deyince Hoca "Be hey ahmak! Dil bilmez Kürdler Türkçe osurmadan ne anlayacak" demiştir.

(Latîfe): Birgün Hoca monlâsı "Amâd" ile kurd avına gider. Amâd, kurd yavrusu tutmak fikriyle yuvaya girer. Tesâdüfen hâricde bulunan kurd dahi inine girmekde iken heman Hoca atik davranup kuyruğundan yakalar. Kurd kuyruğunu kurtarup inine kaçmak içün eşelenmege, çabalamağa başlar. İçeride hâlden haberdâr olmayan Amâd'ın gözine toz gitmekle "Efendi! Ne tepiniyorsun. Pek tozutdun" deyince Hoca "Kurdun kuyruğu koparsa o vakt görürsin tozu, dumanı" demiştir.

(Latîfe): Hoca birgün bir iş içün izbesinin köşesini kazarken komşusunun ahırına bir delik açılır. Orada birçok sığır görür. Heman sürünerek karısına koşar, der ki: "Dakyavus zamânından kalma bir ahır dolusu öküz bulursam bana ne müjde verirsin".

(Latîfe): Hoca birgün Sivrihisar'a gitmiş görmüş ki halk bir yere birikmiş hilâle bakarlar. Kemâl-i ta'cîble[44] demiş ki: "Ne yâhû. Siz ne acîb adamlarsınız. Bizim Akşehir halkı bunun araba tekerlegi

---

[37] Keşîde: Tertbedilmiş.
[38] Monlâ/mollâ: Medrese talebesi.
[39] Vakar: Ağırbaşlı, temkinli.
[40] Bî-zâr: Rahatsız, bıkmış.
[41] Nâgehân: Ansızın, birden bire.
[42] Zarta: Osuruk, yellenme.
[43] Esna-yı avdet: Dönüş esnasında.
[44] Kemâl-i ta'cîb: Çok şaşırma.

چيربينوب اوتمكه باشلار. چوجوقلر «خواجه افندى نه ياپيورسين» ديدكلرنده «بو قدر طاووغه بر خروس لازم دكلمى» ديمشدر.

‏‏‏«لطيفه» خواجهيى ايلچيلكله كوردستانه كوندرمشلر. كورد بكلرى خواجهيه عظيم اكرام ايدوب بر مكمل ضيافت كشيده ايلهمشلر. خواجه دخى هيبتلى بر صاريق صاروب كوركنى كيمش ومنلاسنى آرقهسنه آلهرق وقار ايله ضيافته حاضر اولمش. خواجه مشربنه مخالف اولهرق اجرا اولونان تكليف وتكلفدن بيزار اولوب صيقيلوب ناكهان بر ضرطه قاچيرى ويرمش. اثناى عودتده يولده منلاسى «افندى. پك عيب اولدى» دينجه خواجه «بهى احمق ديل بيلمز كوردلر توركجه اوصورمهدن نه آكلايهجق» ديمشدر.

‏«لطيفه» بركون خواجه منلاسى «عماد» ايله قورد آوينه كيدر. عماد قورد ياوريسى طوتمق فكريله يووايه كيرر. تصادفاً خارجده بولونان قورد دخى اينه كيرمكده ايكن همان خواجه آتيك طاورانوب قويروغندن ياقهلار. قورد قويروغنى قورتاروب اننه قاچمق ايچون اشينمكه، چابالهمغه باشلار. ايچريده حالد خبردار اولمايان عمادك كوزينه توز كيتمكله «افندى. نه تپينيورسين. پك توزوتدك» دينجه خواجه «قوردك قويروغنى قوپارسه او وقت كورورسين توزى، دومانى» ديمشدر.

‏«لطيفه» خواجه بركون بر ايش ايچون ايزبهسنك كوشهسنى قازاركن قومشونك آخيرينه بر دلیك آچيلير. اوراده بر چوق صغير كورور. همان سوينهرك قاريسنه قوشار. دير كه: دقياوس زمانندن قالمه بر آخير طولوسى اوكوز بولورسهم بكا نه مژده ويريرسين.

‏«لطفه» خواجه بركون سيورى حصاره كيتمش كورمش كه خلق بر يره بيريكمش هلاله باقارلر. كمال تعجبله ديمش كه: نه ياهو. سز نه عجيب آدملرسكز. بزم آق شهر خلقى بونك آرابه تكرلكى

٢٣

kadarını görürler de başlarını çevirüp bakmazlar. Siz hilâl kadar ayı göreceğiz diye buraya toplanup zamânınızı telef ediyorsunuz".

(Latîfe): Hoca Efendi da'vet olunduğı bir ziyâfete eski elbisesiyle gider. Kimse ehemmiyet vermez. Hoca gizlice heman hânesine koşup ağır elbiseyle kürkünü giyer, avdet eder. Hoca'yı kemâl-i ta'zîmle[45] kapudan karşulayup baş sofraya iclâs[46] ederler. Nefis ta'âmları işâret ederek "Buyurun Hoca Efendi" derler. Hoca kürkünü yemek sahanına uzatup "Buyurun kürküm" der. Halk "Hoca Efendi, ne yapıyorsun" dediklerinde gördiği mu'âmeleyi anlatup "Mâdem ki ikrâm kürkedir. Ta'âma da o buyursun" demişdir.

(Latîfe): Bir kıtlık zamânında Hoca bir köye gitmiş. Bakmış ki halk yiyüp içiyorlar. Hoca'ya da tatlılar, börekler ikrâm etmişler. Hoca "Burası ne bolluk memleketmiş. Bizim oralarda halk açlıkdan kırılıyorlar" der. Avâmdan biri Hoca'ya cevâben "Be hey adam. Deli misin sen. Sen bayram seyrân bilmez misin. Bu gün bayram olduğu için herkes kudretine göre yiyecek içecek tedârik ediyorlar. Onunçün ta'âm boldur" der. Hoca birâz düşündükden sonra kendi kendine "Ah keşke her gün bayram olsa da ümmet-i Muhammed yiyecek sıkıntısı çekmese" demişdir.

(Latîfe): Hoca pazara bir inek götürür. Gezdirir, gezdirir satamaz. Ecânibden biri tesâdüf edüp "İnegi ne içün satmazsın" der. Hoca "Sabâhdan beri gezdirdim. Dilim döndigi kadar medh etdim. Kimse yüzine bakmadı" diye cevâb verince herîf heman inegi alup "Kız oğlan kız altı aylık gebedir" diyerek gezdirmege başlamakla anında müşteri zuhûr ederek ziyâde bahâ ile satın

---

45 Kemâl-i ta'zîmle: Büyük saygıyla.
46 İclâs: Oturtma.

قدرینی کورورلرده باشلرینی چویروب باقمزلر. سز خلال قدر آیی کوره‌جكز دیه بورایه طوپلانوب زمانكزی تلف ایدییورسكز.

﴿لطيفه﴾ خواجه افندی دعوت اولوندیغی بر ضیافته اسكی البسه‌سیله كیدر. كیمسه اهمیت ویرمز. خواجه كیز لیجه همان خانه‌سنه قوشوب آغیر البسه‌سیله كوركنی كِیَرْ، عودت ایدر. خواجه‌یی كمال تعظیمله قاپودن قارشولایوب باش سفره‌یه اجلاس ایدرلر. نفیس طعاملره اشارت ایدرك «بویورك خواجه افندی» دیرلر. خواجه كوركنی یمك صحننه اوزاتوب «بویورك كوركم» دیر. خلق «خواجه افندی. نه یاپیورسین» دیدكلرنده كوردیكی معامله‌یی آكلاتوب «مادام كه اكرام كوركه‌در. طعامه‌ده او بویورسون» دیمشدر.

﴿لطيفه﴾ بر قیتلق زمانده خواجه بر كویه كیتمش. باقمش كه خلق ییوب ایچیورلر. خواجه‌یه‌ده طاتلیلر بوركلر اكرام ایتمشلر. خواجه «بوراسی نه بوللق مملكتمش. بزم اورالرده خلق آجلقدن قیریلورلر» دیر. عوامدن بری خواجه‌یه جواباً «بهی آدم. دلیمیسین. سن بایرام سیران بیلمزمیسین. بوكون بایرام اولدیغی ایچون هركس قدرتنه كوره ییه‌جك ایچه‌جك تدارك ایدییورلر. اونكچون طعام بولدر» دیر. خواجه براز دوشوندكدن صوكره كندی كندینه «آه كاشكه هركون بایرام اولسه ده امت محمد ییبه‌ك صیقینتیسی چكمه‌سه» دیمشدر.

﴿لطيفه﴾ خواجه پازاره بر اینك كوتورور. كزدیرر، كزدیرر صاته‌مز. احبابندن بری تصادف ایدوب «اینكی نه ایچون صاتمازسین» دیر. خواجه «صباحدن بری كزدیردم. دیلم دوندیكی قدر مدح ایتدم. كیمسه یوزینه باقمه‌دی» دییه جواب ویرنجه حریف همان اینكی آلوب «قیز اوغلان قیز، آلتی آیلق كبه‌در» دییه‌رك كزدیرمكه باشلامقله آنیده مشتری ظهور ایدرك زیاده بها ایله صاتین

۲٥

alır. Hoca hem ta'accüb, hem teşekkür edüp inek akçesini koynuna koyarak sevine sevine hânesine gider. Meğer Hoca'nın hânesine görücüler gelmiş imiş. Karısı "Efendi, sen bir parça aşağıda bir yer bul, otur. Ben görücülere kızımızı göstereyim, hünerlerini sayayım, dökeyim. Belki beğenir alırlar" demekle Hoca "Aman karı! Sakın sen ağzını açma. Ben şimdi yeni bir senâ[47] öğrendim. Söyleyeyim de bak nasıl beğenirler" der. Kadın da belki Efendi'nin bir bildiği vardır diye görücülere lâzım gelen ikrâmı yapup kızına el öpdürdükden sonra "Hanımlar başınızı örtün. Bu iş için sizinle Hoca görüşecek" der. Hoca Efendi kadınların yanına girüp "Hanımlar! Ne hâcet lakırdının uzunu kısası. Benim evlâdım gayet cins. Kız oğlan kız. Altı aylık gebedir" der demez kadınlar birbirine bakarak heman kapudan dışarı fırlarlar.

(Latîfe): Bir sabâh Hoca sarığını sarar. Bir türlü ucu arkaya gelmez. Bozar sarar, yine gelmez. Cânı sıkılup sarığı mezâda[48] verir. Bir bî-câre[49] müşteri olur. Hoca güzelce müşterisinin kulağına "Sakın birâder, per[50] sürme. Sonra üstünde kalır. Nâfile bu sarığın ucu arkaya gelmez" der.

(Latîfe): Birgün sokakda bir adam koşarak Hoca'nın yanına gelüp "Efendi, müjde! Bir oğlun doğdu" der. Hoca hiç fütûrsuz[51] "Oğlum doğduysa Cenâb-ı Hakk'a hamd ü senâ olsun. Ya sana ne" demişdir.

(Latîfe): Bir sabah komşusu gelüp Hoca'dan eşeğini ister. Hoca "Gideyim eşeğe danışayım. Gönlü olursa vereyim" diyerek içeri gider ve bir mikdâr durdukdan sonra gelüp der ki: "Eşeğe

---

[47] Senâ: Övme.
[48] Mezâd: Açık arttırma ile malların satıldığı pazar yeri.
[49] Bî-çâre: Çaresiz.
[50] Per: İşaret, iz.
[51] Fütûrsuz: Aldırmadan.

آلیر. خواجه هم تعجب، هم تشکر ایدوب اینك آقچهسنی قویننه قویهرق سوینه سوینه خانهسنه کیدر. مگر خواجهنك خانهسنه کوریجیلر کلمش ایمش. قاریسی «افندی. سن بر بارچه آشاغیده بر یر بول، اوتور. بن کوریجیلره قیزیمزی کوسترهیم، هنرلرینی صایهیم، دوکهیم. بلکه بکنیر آلیرلر» دیمکله خواجه «آمان قاری. صاقین سن آغزیکی آچمه. بن شیمدی یکی بر ثنا اوکرندم. سویلهیم ده باق ناصل بکنیرلر» دیر. قادین دخی بلکه افندینك بر بیلدیکی واردر دییه کوریجیلره لازم کلن اکرامی یاپوب قیزینه ال اوپدیردکدن صوکره «خانملر. باشکزی اورتك. بو ایش ایچون سزکله افندی کوروشهجك» دیر. خواجه افندی قادینلرك یاننه کیروب «خانملر. نه حاجت لاقیردینك اوزونی قیصهسی. بنم اولادم غایت جنس. قیز اوغلان قیز. آلتی آیلق کبهدر» دیر دیمز قادینلر بربرینه باقهرق همان قاپودن دیشار فیرلارلر.

«لطیفه» بر صباح خواجه صاریغنی صارار، صارار. بر تورلو اوجی آرقهیه کلمز. بوزار صارار، ینه کلمز. جانی صیقیلوب صاریغی مزاده ویرر. بر بیچاره مشتری اولور. خواجه کیزلیجه مشترینك قولاغنه «صاقین برادر، پی صورمه. صوکره اوستكده قالیر. نافله بو صاریغك اوجی آرقهیه کلمز» دیر.

«لطیفه» برکون صوقاقده بر آدم قوشهرق خواجهنك یاننه کلوب «افندی. مژده، بر اوغلك طوغدی.» دیر. خواجه هیچ فتورسز «اوغلم طوغدیسه جناب حقه حمد وثنا اولسون. یا سکانه» دیمشدر.

«لطیفه» بر صباح قومشوسی کلوب خواجهدن اشکنی ایستر. خواجه «کیدهیم. اشکه طانیشهیم. کوکلی اولورسه ویرهیم» دییهرك ایچری کیرر، وبر مقدار طوردقدن صوکره کلوب دیر که: اشکه

söyledim. Gönlü olmadı ve bana dedi ki: Beni yabancıya verirsen benim kulağıma ururlar, senin de ırzına sögerler".

(Latîfe): Birgün Hoca odun kesmege giderken eşek bir türlü dağa doğru yürümedi. Birisi "Şuradan aktârdan[52] biraz nişadır al. Kıçına sür. Bak nasıl yürür" dedi. Hoca tecrübe itdikde hayvan cân acısıyla koşmağa başladı. Hoca avdetde kendisinde de bir dermânsızlık his etmekle kendisi de o ilâcdan bir mikdâr isti'mâl[53] eyledi. Eşekden evvel hâneye vâsıl olup orada dahi duramayarak dolaşmağa başladı. Karısı "Efendi ne oldun" dedikde "Karı bana yetişmek istersen sen de biraz nişadır kullanmalısın" demişdir.

(Latîfe): Birgün Hoca karısına "Ölmüş adam nasıl belli olur" diye sorup karısı "Eli ayağı soğur. Ondan bilinir" der. Birgün zavallı Hoca dağda odun keserken eli ayağı tutmayacak derecede üşümüş "Ben öldüm" diye kendisini bir ağacın dibine bırakıvermiş. O esnada kurdlar Hoca'nın eşegine musallat olup yimege başlamışlar. Bî-çâre Hoca güçlükle olduğu yerden başını kaldırabilüp "Eyi buldınız, sâhibi ölmüş eşegi" demiş.

(Latîfe): Birgün komşusu Hoca'dan eşek ister. Hoca "Yokdur" der. O esnada eşek içeriden anırmağa başlar. Herîf "Efendi sen eşek yok diyorsun. Hâlbuki bak eşek zırlıyor" demekle Hoca başını sallayarak "Allah Allah! Yâhû sen ne acâyib adamsın. Eşegin sözine inanıyorsun da ak sakalımla benim sözime inanmayorsun" demişdir.

(Latîfe): Birgün Hoca dağda odun keserken eşegini kurdlar yiyüp Hoca gelince kurd kaçmağa başlar. Oradan diğer bir adam "Bre,

---

[52] Aktâr: Mahalle aralarında ine, iplik gibi ufak tefek şeyleri satan dükkâncı.
[53] İsti'mâl: Kullanma.

28

سويله‌دم. كوكلى اولمه‌دى. وبكا ديدى كه: بنى يابانجى يه ويريرسه‌ك بنم قولاغمه اوزورلر، سنكده عرضكه سوكرلر.

《لطيفه》 بركون خواجه اودون كسمكه كيدركن اشك بر تورلو طاغه طوغرى يورومه‌دى. بريسى 《شورادن آقطاردن براز نيشادير آل. قيچينه سور. باق ناصل يورور》 ديدى. خواجه تجربه ايتدكده حيوان جان آجيسيله قوشمغه باشلادى. خواجه عودته كنديسنده‌ده بر درمانسزلق حس ايتمكله كنديسى ده او علاجدن بر مقدار استعمال ايله‌دى. اشكدن اوّل خانه‌يه واصل اولوب اوراده دخى طوره‌مايه‌رق طولاشمغه باشلادى. قاريسى 《افندى نه اولدك》 ديدكده 《قارى. بكا يتشمك ايسترسه‌ك سن ده براز نيشادير قوللانمه‌ليسين》 ديمشدر.

《لطيفه》 بركون خواجه قاريسنه 《اولمش آدم ناصل بللى اولور》 دييه صوروب قاريسى 《الى آياغى صوغور. اوندن بيلينير》 دير. بركون زواللى خواجه طاغده اودون كسركن الى آياغى طوتمايه‌جق درجه‌ده اوشومش 《بن اولدم》 دينه كنديسنى بر آغاجك دينه بيراقى ويرمش. او اثناده قوردلر خواجه‌نك اشكنه مسلط اولوب ييمكه باشلامشلر. بيچاره خواجه كوچلكله اولديغى يردن باشينى قالديره‌بيلوب 《ايى بولديكز، صاحبى اولمش اشكى》 ديمش.

《لطيفه》 بركون قومشوسى خواجه‌دن اشك ايستر. خواجه 《يوقدر》 دير. او اثناده اشك ايچريدن آگيرمغه باشلار. حريف 《افندى. سن اشك يوق دييورسين. حال بوكه باق اشك ظيرلايور》 ديمكله خواجه باشينى صاللايه‌رق 《الله الله. ياهو، سن نه عجايب آدمسك. اشكك سوزينه اينانييورسين ده آق صاقالمله بنم سوزيمه اينانمايورسين》 ديمشدر.

《لطيفه》 بركون خواجه طاغده اودون كسركن اشكينى قوردلر ييوب خواجه كلنجه قورد قاچمغه باشلار. اورادن ديكر بر آدم 《بره،

varda. Tutun..." diye şâmâta etmek ister. Hoca der ki: "Bre adam nâfile[54] ne bağırup çağırıyorsun. Tok kurd yokuş yukarı beyhûde[55] zahmet çekmesin".

(Latîfe): Birgün Hoca satmak içün eşegini bazara götürür. Bakar ki eşege müşteri olur. Mu'âyene ederken "Kuyruksuz eşek neye yarar" dedikde Hoca "Sen pazarlığı uydur. Kuyruk yabanda değil" demişdir.

(Latîfe): Birgün Hoca uzak bir yerden gelirken eşegi gayet susamış. O esnada bir gölde suyu görünce hayvanın sabrı kalmayup göle koşar. Meger yanaşdığı bir sarp uçurum bir mahal olmağla hayvan göle düşmege ramak kalmış iken o esnada kurbağalar ötmege başlayınca hayvan ürküp geri çekilir. Hoca pek ziyâde mahzûz[56] olup eşegi yakaladıkdan sonra göle bir avuç para serperek "Âferin göl kuşları. Alın şu paraları. Tatlıca helvaya verin de yiyin" demişdir.

(Latîfe): Birgün Hoca mezarlık arasında gezerken bir koca köpegin bir mezar taşına işediğini görüp heman elindeki sopasıyla köpege urmak isterse de köpek dişlerini sırtarup hırlayarak Hoca'nın üzerine hücûm edince Hoca parçalayacağını idrâk eylemekle kemâl-i havfle[57] büzülerek arka arka çekilerek "Geç yigidim geç" demişdir.

(Latîfe): Hoca bir zamân her seherde "Yârabbi bana bin altun ver, dokuz yüz doksan dokuz olursa almam" diye du'â etmekliği âdet edinmiş. Komşusu olan bir Yahûdi dahi her

---

54 Nâfile: Boş yere.
55 Beyhûde: Boş yere.
56 Mahzûz: Hazzetmiş, hoşlanmış.
57 Kemâl-i havfle: Çok korkarak.

واردا. طوتوك...» دييه شاماطه ايتمك ايستر. خواجه دير كه: بره آدم نافله نه باغيروب چاغيرييورسين. طوق قورد يوقوش يوقاري بيهوده زحمت چكمه‌سين.

﴾لطيفه﴿ بركون خواجه صاتمق ايچون اشكينى بازاره كوتورور. باقار كه قويروغى پك چوق چامور اولمش. همان كسر، صيرتنده‌كى هكبه‌يه قور. بريسى اشكه مشترى اولور. معاينه ايدركن «قويروقسز اشك نه‌يه يارار» ديدكده خواجه «سن پازارلغى اويدور. قويروق يابانده دكل» ديمشدر.

﴾لطيفه﴿ بركون خواجه اوزاق بر يردن كليركن اشكى غايت صوسامش. او اثناده بر كولده صويى كورنجه حيوانك صبرى قالمايوب گوله قوشار. مگر ياناشديغى بر صارپ اوچوروم بر محل اولمغله حيوان گوله دوشمكه رمق قالمش ايكن او اثناده قورباغلر اوتمكه باشلاينجه حيوان اوركوب كرى چكيلير. خواجه پك زياده محظوظ اولوب اشكينى ياقاله‌دقدن صوكره گوله بر آووچ پاره سرپه‌رك «آفرين كول قوشلرى. آليك شو پاره‌لرى. طاتليجه حلوايه ويرك ده ييك» ديمشدر.

﴾لطيفه﴿ بر كون خواجه مزارلق آراسنده كزركن بر قوجه كوپكك بر مزار طاشينه ايشه‌ديكنى كوروب همان النده‌كى صوپاسيله كوپكه اورمق ايسترسه‌ده كوپك ديشلرينى صيرتاروب خيرلايه‌رق خواجه‌نك اوزرينه هجوم ايدنجه خواجه پارچه‌لايه‌جغنى ادراك ايله‌مكله كمال خوفله بوزوله‌رك وآرقه آرقه چكيله‌رك «كچ يكيدم كچ» ديمشدر.

﴾لطيفه﴿ خواجه بر زمان هر سحرده «يا ربّى بكا بيك آلتون وير، طوقوز يوز طوقسان طوقوز اولورسه آلمام» دييه دعا ايتمكلكى عادت ايدينمش قومشوسى اولان بر يهودى بر دخى هر

٣١

vakt Hoca'nın du'âsını işidirmiş. Yahûdi gayetle merâk edüp bir kise içine koyduğu dokuz yüz doksan dokuz altunu bir seher vakti Hoca'nın du'â eylediği esnada bacasından içeriye atar. Bakalım Hoca ne yapacak diye bacadan dinlemege başlar. Hoca du'âsının kabul olduğuna pek çok hamd ü senâ ederek kemâl-i ta'zîm[58] ile bacadan düşen altunu alır. Sayar bakar ki dokuz yüz doksan dokuzdur. Hiç evzâ'ını[59] bozmayarak "Dokuz yüz doksan dokuzu veren Allah birini de verir" der, heman kabullenir. Yahûdi bu hilâf-ı memûl[60] hareketi görünce fevkalâde telâş edüp ortalık ağarınca Hoca'nın hânesine koşar, gülerek "Hoca Efendi şu bizim altunları ver" der. Hoca ciddi bir tavır ile "Bâzirgân. Sen deli mi oldun. Benden ne parası istersin. Ben senden para istedim mi. Sen bana elinle bir para verdin mi" demekle Yahûdi "Cânım Hoca Efendi. Senin her seher ısrârın üzerine bakalım Hoca sözünde sebât edecek mi diye o parayı ben atdım" derse de Hoca istihzâ[61] tavrla gülerek "Yahûdi, şu uydurduğun masala kendin inânıyor musun. Tecrübe içün bir Yahûdi hiç adamın bacasından bu kadar bir parayı atar mı. Cenâb-ı Hakk bunca münâcât ve ısrârım üzerine hazîne-i gaybından bana onu ihsân eylemişdir" diye ciddi bir sûretde iddi'â eyler. Yahûdi anlar ki bu iş kendi kendilerince bitmeyecekdir. "Öyle ise mahkemeye gidelim" der.

Hoca "ben mahkemeye gitmekden kaçmam. Ancak buradan tâ oraya yayan gidemem" der. Yahûdi a'lâ bir katır getirir. Hoca "Benim haysiyyetim var. Bu eski cübbe ile huzûr-ı hâkime nasıl gideyim" demekle Yahûdi hasmını[62] yola yatırmak içün bir de zî-kıymet[63] kürk getirüp Hoca'ya giydirir. Katıra bindirir, kadının huzûrına girerler.

---

[58] Kemâl-i ta'zîm: Çok saygı gösterme, çok şükretme.
[59] Evzâ': vaziyetler, haller, durumlar.
[60] Hilâf-ı memûl: Beklentinin tersine.
[61] İsithzâ: Alay etmek.
[62] Hasm: Düşman, karşı taraf, muhalif.
[63] Zî-kıymet: Kıymetsiz.

وقت خواجەنك دعاسنی ایشیدیرمش. یهودی غایتله مراق ایدوب
بر کیسه ایچینه قویدیغی طوقوز یوز طوقسان طوقوز آلتونی بر
سحر وقتی خواجەنك دعا ایلەدیکی اثناده باجەسندن ایچری یه
آتار. باقەلم خواجه نه یاپەجق دییه باجەدن دیکلەمکه باشلار.
خواجه دعاسنك قبول اولدیغنه پك چوق حمد وثنا ایدرك کمال
تعظیم ایله باجەدن دوشن آلتونی آلیر. صایار باقر که طوقوز یوز
طوقسان طوقوزدر. هیچ اوضاعنی بوزمایەرق «طوقوز یوز طوقسان
طوقزی ویرن الله برینی ده ویرر» دیر، همان قبوللانیر. یهودی بو
خلاف مأمول حرکتی کورنجه فوق العاده تلاش ایدوب اورتەلق
آغارنجه خواجەنك خانەسنه قوشار کولەرك «خواجه افندی شو
بزم آلتونلری ویر» دیر. خواجه جدّی بر طور ایله «بازرکان. سن
دلیمی اولدك. بندن نه پارەسی ایسترسین. بن سندن پاره ایستەدممی.
سن بکا الکُله بر پاره ویردکمی» دیمکله یهودی «جانم خواجه
افندی. سنك هر سحر اصرارك اوزرینه باقەلم خواجه سوزندن
ثبات ایدەجکمی دییه او پارەیی بن آتدم» دیرسەده خواجه استهزا
طوریله کولەرك «به یهودی. شو اویدوردیغك ماصاله کنیدك
اینانیورمیسك. تجربه ایچون بر یهودی هیچ آدمك باجەسندن بو
قدر بر پارەیی آتارمی. جناب حق بونجه مناجات واصرارم اوزرینه
خزینهٔ غیبندن بکا اونی احسان ایلەمشدر» دییه جدّی بر صورتده
ادعا ایلر. یهودی آکلارکه بو ایش کندی کندیلرنجه بیتمەیەجکدر.
«اویله ایسه محکمەیه کیدەلم» دیر.

خواجه «بن محکمەیه کیتمکدن قاچمام. آنجق بورادن تا اورایه
یایان کیدەممم» دیر. یهودی اعلا بر قاطیر کتیریر. خواجه «بنم حیثیتم
وار. بو اسکی جبّه ایله حضور حاکمه ناصل کیدەیم» دیمکله یهودی
خصمنی یوله یاتیرمق ایچون برده ذی قیمت کورك کتیروب خواجەیه
کیدیریر. قاطیره بیندیریر، کیدرلر.

Kadı "Ne istersiniz" dedikde Yahûdi söze başlayup "Efendi, bu adam benim şu kadar altunumu aldı. Şimdi inkâr ediyor" der.

Kadı, Hoca'ya "Sen ne dersin" deyince Hoca "Efendi, sorunuz bana eliyle bir para vermiş midir" demekle Yahûdi kıssâyı tamamıyla anlatır. Hoca gülerek "Efendim bu Yahûdi benim komşumdur. İhtimâl ki ben para sayarken işitmişdir. Vâkı'â bana Rabbim birçok altun ihsân buyurdu. Daha bundan bin katını da vermege kadirdir. Bu Yahûdiye gelince: Bir Müslümâna ölüm derecesine gelse bile bir para vermez. Bir dolabla benden almak ister. Şimdi sorsanız dışarıda bindiğim katıra da sâhib çıkar" deyince Yahûdi katırı da elden kaçırmak korkusuyla "Elbette benimdir. Mahkemeye yayan gelmemek istedigin içün daha şimdi altına çekdim" der kadıya bir tereddüd gelir. Hoca "Gördinüz ya efendim. Şimdi sırtımdaki kürke de sâhib çıkar" demekle Yahûdiye büsbütün fenalık gelerek "Öyle ya. O da benimdir" deyince artık kadı efendi hiddetlenüp "Bre şirret Yahûdi, hem cümlemizin müsellemi[64] olan böyle muhterem bir adamın emvâlini gasb etmek hem de mahkeme ile eglenmek istiyorsun. Yıkıl dışarı" deyüp mahkemeden dışarıya çıkarırlar.

Hoca kemâl-i vakarla kürküne bürünüp katıra binerek hânesine gider. Meyûs[65] ve nûmîd[66] bir hâlde hânesinde düşünmekde olan Yahûdi komşusunu çağırup mallarını bi't-tamâm[67] teslîm ve kendisini tatyîb[68] etdikden sonra "Bir daha Allah ile kulu arasına girüp de ibâdullâhı bî-huzûr[69] itme" diye nasîhat eylemişdir. Yahûdi abdaldır diye eglenmek istediği bir zâtdan böyle mükemmel bir ders alup mağlûb olunca bir

---

[64] Müsellem: Doğruluğu, gerçekliği herkesçe kabul edilmiş olan
[65] Meyûs: Ümitsizliğe düşmüş.
[66] Nûmîd: Ümitsiz.
[67] Bi't-tamâm: Tamamen.
[68] Tatyîb etmek: Ayıplamak.
[69] Bî-huzûr: Huzursuz.

قاضی نك حضورينه كيررلر. قاضی «نه ايسترسيكز» ديدكده يهودی سوزه باشلايوب «افندم. بو آدم بنم شو قدر آتونمی آلدی. شيمدی انكار ايدييور» دير.

قاضی خواجهيه «سن نه ديرسين» ديينجه خواجه «افندم. صوركز. بكا الله بر پاره ويرمشميدر» ديمكله يهودی قصهيی تماميله آكلاتير. خواجه كولهرك «افندم بو يهودی بنم قومشومدر. احتمال كه بن پاره صاياركن ايشيتمشدر. واقعا بكا ربم بر چوق آتلون احسان بويوردی. دها بوندن بيك قاتينی ده ويرمكه قادردر. بو يهودی يه كلنجه: بر مسلمانه اولوم درجهسنه كلسه بيله بر پاره ويرمز. بر دولانله بندن مالمی آلمق ايستر. شيمدی صورهسكز طيشاريده بينديكم قاطيرهده صاحب چيقار» ديينجه يهودی قاطيری ده الدن قاچيرمق قورقوسيله «التبه بنمدر. محكمهيه يايان كلمهمك ايستهديكك ايچون دها شيمدی آلتيكه چكدم» دير. قاضی يه بر تردّد كلير. خواجه «كورديكز يا افندم. شيمدی صيرتمدهكی كوركوده صاحب چيقار» ديمكله يهودی يه بوس بوتون فنالق كلهرك «اويله يا. اوده بنمدر» ديينجه آرتق قاضی افندی حدتلنوب «بره شرّت يهودی. هم جملهمزك مسلّمی اولان بويله محترم بر آدمك اموالنی غصب ايتمك هم ده محكمه ايله اكلنمك ايستهيورسين. يقيل طيشاری» دييوب محكمهدن طيشاری يه چيقاريرلر.

خواجه كمال وقارله كوركنه بورونوب قاطيره بينهرك خانهسنه كيدر. مأيوس ونومد بر حالده خانهسنده دوشونمكده اولان يهودی قومشوسنی چاغيروب ماللرينی بالتمام تسليم وكنديسنی تطيب ايتدكدن صوكره «بر دها الله ايله قولی آراسينه كيروب ده عبادالهی بيحضور ايتمه» دييه نصيحت ايلهمشدر. يهودی آبدالدر دييه اكلنمك ايستهديكی بر ذاتدن بويله مكمل بر درس آلوب مغلوب اولونجه بر

٣٥

daha bir Müslümâna sataşmamaklığa yemîn ederek Hoca'nın elinden mazhar-ı hidâyet[70] olmuşdur.

(Latîfe): Hoca merhûm devrinde üç ruhban her uğradıkları beldenin ulemâsıyla musâhabe ve mübâhase[71] eyleyerek seyr ü seyâhat ederlermiş. Diyâr-ı Rum'a vâsıl oldıklarında kezâlik[72] o cihetin ulemâlarıyla mülâkat arzu etmeleriyle mahzâ[73] hoşca bir vakt geçirmek içün sultân-ı zamâna Hoca Nasreddîn'i tavsiye ederler ve Hoca'nın hâzır cevâb ve hoş sohbet olduğunu söylerler. Sarây meydânında bir ziyâfet tertîb edilüp Hoca'yı ve ruhbanları oraya da'vet eylerler. Tatarın[74] vürûdunda hemandem[75] Hoca eşeğine binüp asasını eline alup yevm-i mu'ayyende[76] meclise hazır olur. Âdâb-ı tam ile selâm verüp du'â-yı pâdişâhiyi edâ eyledikden sonra esna-yı sohbetde Hoca Efendi'ye ruhbanlar arzûsunu beyân eylerler. Hoca "Öyle ise evvelâ müşkilâtımızı hal edelim. Ba'dehu şeref-i meclisden istifâde eyleyelim. Buyurun bakalım ruhbanlar. Bir suâliniz varsa işidelim" der. Birinci ruhban "Efendi hazretleri, dünyânın ortası nerededir" der. Hoca asasıyla eşeğinin ön ayağının sağını göstererek "İşte eşeğimin şu ayağını basdığı yerdir" der. Ruhban "Neden ma'lûm" demekle Hoca "Sözime inânmazsanız işte ölçün, eksik, ziyâde gelirse ona göre söyleyin" der. Rahib mebhût[77] olup çekilir. Ruhbanın biri dahi ileri gelüp "Ya bu gökyüzündeki yıldızlar ne kadardır" der. Hoca, "Eşeğimin vücûdunda ne kadar kıl var ise o kadar" der. Ruhban "O kadar olduğu ne belli" demekle Hoca dahi "İnânmazsan say. Eğer fazla, noksan gelirse o vakt bir söz söylemege hakkın olabilir" dedi. Ruhban "Efendi eşeğin kılları sayılır mı" deyince Hoca dahi "Ya gökdeki yıldızlar sayılır mı" diye cevâb vermekle

---

[70] Mazhar-ı hidâyet bulmak: Hidâyete ermek, doğru yolu bulmak.

[71] Musâhabe ve mübâhase: Sohbet etme, konuşma ve iddiaya girme.

[72] Kezâlik: Yine.

[73] Mahzâ: Yalnız, tek.

[74] Tatar: Haber getiren haberci.

[75] Hemandem: Hemen.

[76] Yevm-i mu'ayyen: Kararlaştırılan gün.

[77] Mebhût: Hayrette kalmış, şaşırmış.

دها بر مسلمانه صاتاشمامقلغه يمين ايدرك خواجه‌نك النده مظهر هدايت اولمشدر.

﴿لطيفه﴾ خواجه مرحوم دورنده اوچ رهبان هر اوغراديقلرى بلده‌نك علماسيله مصاحبه وبماحثه ايله‌يه‌رك سير وسياحت ايدرلرمش. ديار رومه واصل اولديقلرنده كذلك او جهتك مشهور عالملريله ملاقات آرزو ايتمه‌لريله محضا خوشجه بر وقت كچيرمك ايچون سلطان زمانه خواجه نصر الدينى توصيه ايدرلر. وخواجه‌نك حاضر جواب وخوش صحبت اولديغنى سويلرلر. سراى ميداننده بر ضيافت ترتيب ايديلوب خواجه‌يى ورهبانلرى اورايه دعوت ايلرلر. تاتارك ورودنده همان‌دم خواجه اشكنه بينوب عصاسينى الينه آلوب يوم معينده مجلسه حاضر اولور. آداب تام ايله سلام ويروب دعاى پادشاهى يى ادا ايله‌دكدن صوكره اثناى صحبتده خواجه افندى يه رهبانلرك آرزوسنى بيان ايلرلر. خواجه «اويله ايسه اوّلا مشكلاتمزى حل ايده‌لم. بعده شرف مجلسدن استفاده ايله‌يه‌لم. بويورك باقالم رهبانلر. بر سؤالكز وارسه ايشيده‌لم» دير. برنجى رهبان «افندى حضرتلرى. دنيانك اورته‌سى نره‌سيدر» دير. خواجه عصاسيله اشكنك اوك آياغنك صاغينى كوستره‌رك «ايشته اشكمك شو آياغينى باصديغى يردر» دير. رهبان «نه‌دن معلوم» ديمكله خواجه «سوزيمه اينانمزسه‌كز ايشته اولچك. اكسيك، زياده كليرسه اوكا كوره سويله‌يك» دير. راهب مبهوت اولوب چكيلير. رهبانك برى دخى ايلرى كلوب «يا، بو گوك يوزنده‌كى ييلديزلر نه قدردر» دير. خواجه «اشكمك وجودنده نه قدر قيل وار ايسه او قدردر» دير. رهبان «او قدر اولديغى نه بللى» ديمكله خواجه دخى «اينانمزسه‌ك صاى. اكر فضله، نقصان كليسه او وقت بر سوز سويله‌مكه حقك اوله‌بيلير» ديدى. رهبان «افندى. اشكك قيللرى صاييلرمى» دينجه خواجه دخى «يا كوكده‌كى ييلديزلر صاييلرمى» دييه جواب ويرمكله

۳۷

bu ruhban dahi mehbût oldu. Üçüncü ruhban dahi ileri gelüp "Ey Hoca! Şu benim sakalımın kaç kılı var" diye sormağla Hoca ona da hiç tereddüd göstermeyerek "Eşeğimin kuyruğunda ne kadar kıl varsa o kadardır" dedi. Ruhban "Ne ile isbât edersin" demekle Hoca "O kolaydır. Bir kıl senin sakalından, bir kıl benim eşeğimin kuyruğundan koparırız. Eger mutâbık gelmezse o vakt hak senindir" der. Ruhbanlar Hoca'nın zerâfetine ve hâzır cevâblığına meftûn olup hidâyet-i Rabbânî[78] dahi erişmiş olmağla şeref-i İslâmla müşerref olarak[79] Hoca'ya "rahmetullahi aleyh" bende oldılar.

(Latîfe): Maveraü'n-nehr'in en mu'azzam pâdişâhlarından olup bir vakt şehinşâh-ı Rum[80] Yıldırım Bâyezid Hân merhûmun memâlikine[81] tecâvüz eylemekle miyânelerinde[82] meşhûr Ankara Muhârebesi vuku'a gelen cihângîr-i şehîr Timur-leng[83] bir müddet Akşehir'de ikamet eylemekle oturdığı müddet Hoca merhûma pek çok iltifât eylemişdi. Hoca'nın sâyesinde Akşehir ahâlîsi Timur hûn-hârın[84] katl-i âmından ve sâ'ir siyâset-i şedîdesinden[85] halâs olmuşlardı. Nitekim miyânelerinde zuhûra gelen ba'zı letâ'if burada zikr olunacakdır. Ez-ân-cümle[86] birgün Hoca Nasreddîn Efendi merhûm bir büyük tabelanın üstine üç erik koyup Sultân Timur-lenge hediye götürürken yolda erikler öteye beriye yuvarlanmağa, oynamağa başlar. Hoca her ne kadar "Uslu oturun. Oynamayın. Şimdi sizi yerim" derse de dinlemezler, yine muttasıl zıplar, yuvarlanırlar. Hoca hiddete geldikçe yolda birer birer ikisini yer. Bir dane erigi Emîr Timur'un huzûrına takdîm eyler. Pâdişâh pek mahzûz olup vâfir[87] akçe bağışlar. Hoca birkaç gün sonra bir hayli pancarı bir sepete koyup yine pâdişâha götürürken yolda bir adam görüp suâli üzerine Emîr Timur'a hediye edecegini söylemekle

---

[78] Hidâyet-i Rabbânî: Allah'ın hidâyeti.
[79] Şeref-i İslâmla müşerref olmak: Müslüman olmak.
[80] Şehinşâh-ı Rum: Anadolu'nun hükümdarı.
[81] Memâlik: memleketler.
[82] Miyâne: Ara
[83] Leng: Topal. Timur Han topal olduğundan ona Timur-leng veya Aksak Timur da denilmiştir.
[84] Hûn-hâr: Kan içici, kan dökücü.
[85] Siyâset-i şedîde: şiddetli zulm ve politikaları, idamları.
[86] Ez-ân-cümle: O cümleden olarak.
[87] Vâfir: Çok.

بو رهبان دخى مهوت اولدى. اوچنجى رهبان دخى ايلرى كلوب
«اى خواجه. شو بنم صاقالمك قاچ قيلى وار» دييه صورمغله خواجه
اوكاده هيچ تردّد كوسترمهيهرك «اشكمك قويروغنده نه قدر قيل
وارسه او قدردر» ديدى. رهبان «نه ايله اثبات ايدرسين» ديمكله
خواجه «او قولايدر. بر قيل سنك صاقالكدن، بر قيل بنم اشكمك
قويروغندن قوپاريرز. اكر مطابق كلمزسه او وقت حق سنكدر» دير.
رهبانلر خواجهنك ظرافته وحاضر جوابلغنه مفتون اولوب هدايت
ربانى دخى ارشمش اولمغله شرف اسلامله مشرف اولهرق خواجه
«رحمة الله عليه» ه بنده اولديلر.

﴿لطيفه﴾ ماوراء النهرك اك معظم پادشاهلرندن اولوب بر
وقت شهنشاه روم ييلديريم بايزيد خان مرحومك ممالكنه تجاوز
ايلهمكله ميانهلرنده مشهور انقره محاربهسى وقوعه كلن جهانكير
شهير تيمورلنك بر مدت آقشهرده اقامت ايلهمكله اوتورديغى مدت
خواجه مرحومه پك چوق التفات ايلهمشدى. خواجهنك سايهسنده
آقشهر اهاليسى تيمور خونخوارك قت عامندن وسائر سياست
شديدهسندن خلاص اولمشلردى. نيتهكيم ميانهلرنده طهوره كلن
بعض لطائف بوراده ذكر اولونهجقدر. ازان جمله بركون خواجه
نصر الدين افندى مرحوم بر بويوك طاتلهنك اوستينه اوچ اريك
قويوب سلطان تيمورلنكه هديه كوتورورركن يولده اريكلر اوتهيه
برى يه يووارلانمغه، اوينامغه باشلار. خواجه هرنه قدر «اوصلو
اوتورك. اوينامهيك. شيمدى سزى يرم» ديرسهده ديكلهمزلر، ينه
متّصل زيپلار، يووارلانيرلر. خواجه حدّته كلدكجه يولده برر برر
ايكيسنى ير. بردانه اريكى امير تيمورك حضورينه تقديم ايلر. پادشاه
پك محظوظ اولوب وافر آقچه باغشلر. خواجه بر قاچ كون صوكره
بر خيلى پانجارى بر سپته قويوب ينه پادشاهه كوتورورركن يولده بر
آدم كوروب سؤالى اوزرينه امير تيموره هديه ايدهجكنى سويلهمكله

"İncir götürsen daha hazz eder" demesiyle Hoca birkaç okka en güzel incir tedârik ederek huzûr-ı sultâna takdîm eyler. Pâdişâh ma'iyyetindeki nedîmlere ve gulâmân-ı hâssaya[88] emr eyler. İncirlerin hepsini Hoca'nın başından geçirirler. Onlar inciri yapışdırdıkca Hoca muttasıl "Şükür yârabbi, hamd olsun lütfuna ihsânına. Müşâverenin[89] bereketini şimdi anladım" diye muttasıl mırıldanırmış. Timur-leng işidüp "Hoca neye şükr edersin" dedikde Hoca demiş ki: "Pâdişâhım, ben evvelce birkaç okka pancar getiriyor idim. Bereket versün yolda bir herîf bunu ta'rîf eyledi. Ya pancar getire idim. Benim hâlim ne olurdu. Ne başım kalacakdı, ne gözüm kalacakdı. Şimdiye kadar hurd u hâş olmuşdum".

(Lâtîfe): Hoca birgün kaz pişirtüp pâdişâha götürür. Yolda giderken iştihâsına galebe edemeyerek kazın bir butunu siper bir yerde[90] mi'deye indirir. Huzûr-ı pâdişâha varup usûlü vechile hediyesini arz eyler. Bir butun noksanı Timur-leng'in gözine isâbet etmekle "Hoca, hani bu kazın bir ayağı" der. Hoca hiç vaz'ını bozmayarak "Bizim Akşehir'in kazları hep tek ayaklıdır. İnanmazsan bak şu çeşme başındaki kazlara" der. Vâkı'â o esnada çeşme başında ayakda duran kazlar güneşlenmek içün bir ayaklarını saklayarak tek ayakla başlarını göğüslerine dayayup uyumakda idiler. Pâdişâh pencereden bakdığında tek ayaklı olarak müşâhede eyledi. Hâlbuki bi't-tesâdüf[91] nevbet[92] urulmak zamânı olmağla birçok mehterler cesim köslere, davullara bir uğurdan çomakları indirüp kerrenâylar[93], borular gulguleyle kubbe-i semâyı[94] velveleye vermeleriyle kazlar iki ayak üzere olarak bir mahal firâr aramak azmiyle mütereddidâne[95] oyana buyana koşmağa başladılar. Heman Timur, Hoca'yı pencere önüne çağırup "Hoca sen yalan söyliyorsun. Bak kazlar

---

[88] Gulâmân-ı hâssa: Özel hizmetkârlar.
[89] Müşâvere: Danışma, istişare.
[90] Siper bir yer: Gözden uzak, tenha bir yer.
[91] Bi't-tesâdüf: Tesadüf olarak.
[92] Nevbet: Resmî yerlerde günün belirli vakitlerde çalınan davul, dümbelek gibi şeyler, bando, mızıka.
[93] Kerrenây/kerrünây: Eski devirlerde kullanılan boru şeklindeki musiki aleti.
[94] Kubbe-i semâ: Gökyüzü.
[95] Mütereddidâne: Şaşkınlıkla.

«اينجير كوتورسه‌ك دها حظ ايدر» ديمه‌سيله خواجه بر قاچ اوقه
اك كوزل اينجير تدارك ايدرك حضور سلطانه تقديم ايلر. پادشاه
معيتنده‌كى نديملره وغلامان خاصه‌يه امر ايلر. اينجيرلرك هپسنى
خواجه‌نك باشندن كچيررلر. اونلر اينجيرى يابيشديرديقجه خواجه
متصل «شكر ياربى. حمد اولسون لطفكه احسانكه. مشاوره‌نك
بركتنى شيمدى آكلادم» دييه متصل ميريلدانيرمش. تيمورلنك
ايشيدوب «خواجه نه‌يه شكر ايدرسين» ديدكده خواجه ديمش كه:
پادشاهم. بن اولجه بر قاچ اوقه پانجار گتيرييور ايدم. بركت ويرسون،
يولده بر حريف بونى تعريف ايله‌دى. يا پانجار كتيره‌ايدم. بنم حالم
نه اولوردى. نه باشم قاله‌جقدى، نه كوزم قاله‌جقدى. شيمدى يه قدر
خردوخاش اولمشدم.

⟪لطيفه⟫ خواجه بركون قاز پيشيرتوب پادشاهه كوتورور. يولده
كيدركن اشتهاسنه غلبه ايده‌مه‌يه‌رك قازك بر بوطنى سپر بر يرده معده‌يه
انديرير. حضور پادشاهه واروب اصولى وجهله هديه‌سنى عرض
ايلر. بر بوطنك نقصانى تيمورلنكك كوزينه اصابت ايتمكله «خواجه،
هانى بو قازك بر آياغى» دير. خواجه هيچ وضعنى بوزمايه‌رق «بزم
آقشهرك قازلرى هپ تك آياقليدر» دير. اينانمزسه‌ك باق شو چشمه
باشنده‌كى قازلره» دير. واقعا او اثناده چشمه باشنده آياقده طوران
قازلر كونشله‌مك ايچون بر آياقلرينى صاقلاه‌رق تك آياقله باشلرينى
كوكسلرينه طايايوب اويومقده ايديلر. پادشاه پنجره‌دن باقديغنده تك
آياقلى اوله‌رق مشاهده ايله‌دى. حال بوكه بالتصادف نوبت اورولمق
زمانى اولمغله بر چوق مهترلر جسيم كوسلره، طاوولره بر اوغوردن
چوماقلرى انديروب كرّه‌نايلر، بورولر غلغه‌يله قبهٔ سمايى ولوله‌يه
ويرمه‌لريله قازلر ايكى آياق اوزره اوله‌رق بر محل فرار آرامق عزيله
مترددانه او يانه بو يانه قوشمغه باشلاديلر. همان تيمور خواجه‌يى
پنجره اوكنه چاغيروب «خواجه. سن يالان سويله‌يورسين. باق قازلر

hep ikişer ayaklıdırlar" deyince Hoca Nasreddîn rahmetullahi aleyh "O çomağı sen yiseydin dört ayaklı olurdun" demişdir.

(Lâtîfe): Hoca kadı iken iki adam gelüp biri "Şu adam benim kulağımı ısırdı" diye davâ eder. Digeri de "Hayır Efendi. Kendisi kendi kulağını ısırdı" diye cevâb verir. Hoca "Birâzdan geliniz de size cevâb vereyim" dedikden sonra hareme girüp kendi husûsî odasına çekilerek "Bakayım insân kendi kulağını ısırabilir mi" diye kulağını çeküp uğraşırken sırt üstü düşer, başı bir mikdâr çizilir. Bir bez bağlayup mahkemeye çıkar. Yine davâcılar gelüp müdde'î[96] hasmının[97] cevâbını cerh eylemek[98] sadedinde "Efendim, kadı efendi, insâf ediniz. Hiçbir adam kendi kulağını ısırır mı" deyince Hoca merhûm "Isırır oğlum. Isırır. Hatta düşer de başı bile yarılır" demişdir.

(Lâtîfe): Bir geceyarısı sokakda Hoca'nın kapusunun önünde bir gürültü olur. Hoca çıkup gavganın sebebini anlamak ister. Zevcesi "Efendi nene lâzım. Yat yerinde, geceyarısı gürültü arasına karışma" dediyse de dinlemeyüp heman yorganına bürünüp, kapunun önüne çıkar. Hoca meseleyi anlamağa uğraşırken o gürültü arasında bir herîf gelüp bir asılışda yorganı Hoca'nın üstünden soyup alır, çıkar gider. Hoca bu mu'ameleden de şaşalayup öyle sersem bir hâlde bir mikdâr daha durmuşsa da ziyâdece üşüyüp zâten herkes de dağılmağa başlamış olmağla titreyerek içeriye girer. Karısı "Efendi gavganın aslı ne imiş" diye sorunca "Ne olacak. Gavga bizim yorgan üzerine imiş. Yorgan gitdi, gavga bitdi" demişdir.

---

96 Müdde'î: İddia sâhibi.
97 Hasm: Düşman, muhalif.
98 Cerh eylemek: Çürütmek.

هپ ايكيشر آياقليدرلر» دينجه خواجه نصر الدين رحمة الله عليه «او چوماغنى سن ييسه‌يدك دورت آياقلى اولوردك» ديمشدر.

﴾لطيفه﴿ خواجه قاضى ايكن ايكى آدم كلوب برى «شو آدم بنم قولاغيمى ايصيردى» دييه دعوا ايدر. ديكرى ده «خير افندم. كنديسى كندى قولاغنى ايصيردى» دييه جواب ويرير. خواجه «برازدن كليكنزده سزه جواب ويره‌يم» ديدكدن صوكره حرمه كيروب كندى خصوصى اوطه‌سنه چكيله‌رك «باقه‌يم انسان كندى قولاغنى ايصيره‌بيليرمى» دييه قولاغنى چكوب اوغراشيركن صيرت اوستى دوشر، باشى بر مقدار چيزيلير. بر بز باغلايوب محكمه‌يه چيقار. ينه دعواجيلر كلوب مدّعى خصمنك جوابنى جرح ايله‌مك صددنده «افندم. قاضى افندى. انصاف ايديكز. هيچ بر آدم كندى قولاغنى ايصيريرمى» دينجه خواجه مرحوم «ايصيرير اوغلم. ايصيرير. حتّى دوشرده باشى بيله ياريلير» ديمشدر.

﴾لطيفه﴿ بر كيجه ياريسى سوقاقده خواجه‌نك قاپوسنك اوكنده بر كورولتى اولور. خواجه چيقوب غوغانك سببنى آكلامق ايستر. زوجه‌سى «افندى. نه‌كه لازم. يات يرگده، كيجه ياريسى كورولتى آراسينه قاريشمه» ديديسه‌ده ديكله‌مه‌يوب همان يورغانينه بورونور، قاپونك اوكنه چيقار. خواجه مسئله‌يى آكلامغه اوغراشيركن او كورولتى آراسنده بر حريف كلوب بر آصيلشده يورغانى خواجه‌نك اوستندن صويوب آلير، چيقار، گيدر. خواجه بو معامله‌دن ده شاشالايوب اويله سرسم بر حالده بر مقدار دها طورمشسه‌ده زياده‌جه اوشيوب ذاتاً هركس ده طاغلمغه باشلامش اولمغله تيتره‌يه‌رك ايچرى يه گيرر. قاريسى «افندى, غوغانك اصلى نه ايمش» دييه صورنجه «نه اوله‌جق. غوغا بزم يورغان اوزرينه ايمش. يورغان گيتدى، غوغا بيتدى» ديمشدر.

(Lâtîfe): Birgün zevcesi "Efendi, benim işim var. Şu çocuğu biraz gezdir" der. Hoca çocuğu eglendirirken çocuk üzerine işer. Hoca da hiddetlenüp yere bırakır, oğlanın üstüne başdan ayağa kadar işer. Çocuğun ağlaması üzerine kadın gelüp Hoca'nın mu'âmelesini görerek "Efendi, ne içün yapdın bu işi" deyince Hoca hiddetle "Be karı! Eğer üstüme başıma başka biri işeseydi ben yestehlerdim[99]" demiş.

(Lâtîfe): Bir gece ayışığında Hoca bakar ki bağçede bir heybetli, cüsseli kimse ellerini germiş duruyor. Heman karısını uyandırup "Yâhû çabuk şu benim okumu yayımı getir" der. Gelince heman oku yaya muhkem[100] gözleyüp "Yâ Hakk" diyerek aşkla bir partâv eder. Okun tam karnından saplandığını görür. "Er oyunu birdir. Şimdi degme keyfine. O sabaha kadar kıvırıla kıvırıla cân vere dursun" diyerek heman içeri girer. Kapuyu sağlamca kapar, yatar. Bir de Hoca ale's-seher[101] kalkar, bağçeye çıkup bakar ki megerse gece urdığı kendi kaftanı imiş. Gündüzden zevcesi yıkayup sabaha kadar kurusun diye ipe germiş imiş. Tâ göbegi hizâsından kaftana büyük bir rahne[102] açılmış. Hoca heman secde-i şükre[103] kapanup yüksek sesle "Şükür Yâ Rabbi. Lütfuna bin şükr" diye du'âya başladı. Zevcesi "Efendi ne oldu. Biz de şu hamd ve şükrün aslını anlayalım" deyince "Be şaşkın karı. Görmeyor misin (Görmüyor musun) okun darbesini. Tam göbegi ortasından bir taraftan delmiş, öbür taraftan çıkmış. Avuç içi gibi yaralamış. Ya o esnada içinde ben olaydım. Ne olurdu hâlim" deyüp Hoca suratını buruşdırarak iki büklüm olduğu hâlde hem bir eliyle karnını tutar, hem ağzıyla muttasıl[104] şükr ve hamd ediyordu.

---

[99] Yestehlemek: Pislemek.
[100] Muhkem: Sağlam bir şekilde.
[101] Ale's-seher: Seher vakti, gün doğmadan önce.
[102] Rahne: Gedik.
[103] Secde-i şükr: Şükür secdesi.
[104] Muttasıl: Aralıksız, hiç durmadan.

﴿لطيفه﴾ بركون زوجه‌سى «افندى, بنم ايشيم وار. شو چوجغى
براز كزدير» دير. خواجه چوجغى اكلنديرركن چوجوق اوزرينه
ايشر. خواجه‌ده حدّتلنوب يره بيراقير، اوغلانك اوستنه باشدن آياغه
قدر ايشر. چوجوغك آغلامه‌سى اوزرينه قادين كلوب خواجه‌نك
معامله‌سنى گوره‌رك «افندى. نه ايچون ياپدك بو ايشى» دينجه
خواجه حدّتله «به قارى. اكر اوستمه باشقه برى ايشه‌سه‌يدى. بن
يسته‌لردم» ديمش.

﴿لطيفه﴾ بر كيجه آى ايشيغنده خواجه باقاركه باغچه‌ده بر هيبتلى،
جبه‌لى كيمسه اللرينى كرمش طورويور. همان قارىسنى اويانديروب
«ياهو. چابوق شو بنم اوقمى ياييمى گتير» دير. كلنجه همان اوقى
يايه محكم گزله‌يوب «يا حق!» دييه‌رك عشقله بر پرتاو ايدر. اوقك
تام قارنندن صاپلانديغنى كورور. «أر اويونى بردر. شيمدى دكمه
كيفنه. او صباحه قدر قيوريله قيوريله جان ويره طورسون» دييه‌رك
همان ايچرى گيرر. قاپييى صاغلامجه قاپار، ياتار. بره خواجه على
السحر قالقار، باغچه‌يه چيقوب باقاركه مكرسه كيجه اورديغى كندى
قفتانى (ينيشى) ايمش. گوندوزدن زوجه‌سى ييقايوب — صباحه قدر
قوروسون دييه — ايپه گرمش ايمش. تا گوبكى حذاسندن قفتانه بويوك
بر رخنه آچيلمش. خواجه همان سجدهٔ شكره قاپانوب يوكسك
سسله «شكر ياربى. لطفكه بيك شكر » دييه دعايه باشلادى. زوجه‌سى
«افندى. نه اولدى. بزده شو حمد وشكرك اصلى آكلايه‌لم» ديينجه
«به شاشقين قارى. كورمه‌يورميسين اوقك ضربه‌سينى. تام گوبكى
اورته‌سندن بر طرفندن دلمش، اوبر طرفندن كچمش. آووج ايچى
گبى پارلامش. يا او اثناده ايچنده بن اوله‌يدم. نه اولوردى حالم»
دييوب خواجه صوراتنى بوروشديره‌رق ايكى بوكلوم اولديغى
حالده هم بر اليله قارنينى طوتار، هم آغزيله متصل شكر وحمد
ايدييورردى.

(Lâtîfe): Hoca birgün bir ağaca çıkup bindigi dalı kesmege başlar. Aşağıdan biri bu hâli görüp "Bre adam ne yapıyorsun. Şimdi düşeceksin" der. Hoca buna hiç ehemmiyet vermezse de hemandem dal çatır çutur kırılır, Hoca da paldır, küldür düşer. Hoca yarasına beresine bakmayarak heman fırlayup o adamı bulur. "Ey oğul! Anlaşıldı sen erbâb-ı mükâşefeden[105] bir adamsın. Mâdem ki benim düşeceğimi bildin, öleceğimi de bilirsin. İllâ benim zamân-ı vefâtımı haber ver" diye yakasından sarılır, bırakmaz. Herîf yakasını kurtarup yoluna devâm etmek için "Eşeğine odunu yükleyüp yokuş yukarı giderken eşek bir kere osurunca cânın yarısı gider, ikincisinde hepsi çıkar" yolunda âmiyâne[106] bir cevâb verüp yoluna revân olur[107]. Hoca eşeğin birinci zartasında kendisinde ölüm alâmetleri his edüp ikinci osurukda büsbütün sinirleri boşanarak "Eyvâh! Ben öldüm" der. Kendisini bırakıverir. Civâr köylileri Hoca'yı öyle bet beniz uçmuş, yığılı vermiş görünce başına üşerek "Bî-çâre adam ölmüşdür" diyerek heman köyden bir tabut getirüp Hoca'yı koyarlar. Şehre götürürken yolda çamurlu sarp bir bataklığa tesâdüf ederler. Yol çatallanup birkaç geçid görünürse de hangisi daha iyi olduğunu kesdiremeyerek "Acabâ şuradan mı gitsek, yoksa buradan mı" diye müşâvereye koyulmalarıyla Hoca tabutdan başını kaldırup "Ben sağ iken şuradan geçerdim. Ama yine siz bilirsiniz" demişdir.

(Lâtîfe): Bir gece Hoca merhûm yatıyorken damda bir hırsız gezdiğini his eder. Karısına der ki "Geçen gece geldim kapuyu çaldım, duymadın. Ben de şu du'âyı okudum. Ayın şu'lesine yapışup hâneye girdim". Bacadan lakırdıyı dinlemekde olan hırsız da du'âyı hıfz

---

[105] Erbâb-ı mükâşefe: Gelecekte ne olacağını bilen kişi.
[106] Âmiyâne: Bayağı, sıradan.
[107] Yola revân olmak: Yola koyulmak.

46

﴿لطیفه﴾ خواجه برکون بر آغاجه چیقوب بیندیکی دالی کسمکه باشلار. آشاغیدن بری بو حالی کوروب «بره آدم نه یاپیورسین شیمدی دوشه‌جکسین» دیر. خواجه بوکا هیچ اهمیت ویرمزمسده همان‌دم دال چاتیر چوتور قیریلیر، خواجه‌ده پالدیر، کولدور دوشر. خواجه یاره‌سنه بره‌سنه باقمه‌یرق همان فیرلایوب او آدمی بولور. «آی اوغول. آکلاشیلدی. سن ارباب مکاشفه‌دن بر آدمسین. مادام که بنم دوشه‌جکمی بیلدك، اوله‌جکمی ده بیلیرسین. الّا بنم زمان وفاتمی خبر ویر» دییه یاقه‌سندن صاریلیر، بیراقمز. حریف یاقه‌سنی قورتاروب یولنه دوام ایتمك ایچون «اشککه اوطونی یوکله‌توب یوقوش یوقاری کیدرکن اشك بر کره اوصورنجه جانك یاریسی کیدر، ایکنجیسنده هپسی چیقار» یولنده عامیانه بر جواب ویروب یولن هروان اولور. خواجه اشكك برنجی ضرطه‌سنده کندیسنده اولوم علامتلری حس ایدوب ایکنجی اوصوروقده بوسبوتون سیکیلری بوشانه‌رق «ای واه. بن اولدم» دیر، کندیسنی بیراقی ویرر. جوار کویلیلری خواجه‌یی اویله بت بکیز اوچمش، ییغیلی ویرمش کورونجه باشنه اوشه‌رك «بیچاره آدم اولمشدر» دییه‌رك همان کویدن بر تابوت کتیروب خواجه‌یی قویارلر. شهره کوتورورکن یولده چامورلی صارپ بر باتاقلغه تصادف ایدرلر. یول چاتاللانوب بر قاچ کچید کورونورسه‌ده هانکیسی دها ایی اولدیغنی کسدیره‌مه‌یه‌رك «عجبا شورادن می کیتسه‌ك، یوقسه بورادن می» دییه مشاوره‌یه قویولمالریله خواجه تابوتدن باشنی قالدیروب «بن صاغ ایکن شورادن کچردم. اما ینه سز بیلیرسیکز» دیمشدر.

﴿لطیفه﴾ بر کیجه خواجه مرحوم یاتیرکن طامده بر خیرسز کزدیکنی حس ایدر. قاریسنه دیرکه: کچن کیجه گلدم. قاپویی چالدم، طویمادڭ. بن ده شو دعایی اوقودم. آیك شعله‌سینه یاپیشوب خانه‌یه گیردم. باجه‌دن لاقیردی یی دیگله‌مكده اولان خیرسیزده دعایی حفظ

٤٧

ederek heman okur. Ayın şu'lesine iki elleriyle sarılup yavaşça inmek sevdâsıyla kendisini kaldırır, damdan aşağı bırakıverir. "Pat" diye yere düşer, hırd u hâş olur. Hoca heman koşarak hırsızın yakasından sarılır ve bir tarafdan "Karı, çabuk mumu getir. Hırsızı yakaladım" diye bağırınca bî-tâb hırsız inleme kabîlinden "Lutf eyle efendi hazretleri! Acele etme. O du'â sende iken bu akl bende iken, ben buradan öyle kolay kolay kıbıldanup da elinden kurtulamam" demişdir.

(Lâtîfe): Birgün Hoca'nın hânesine hırsız girer. Haremi[108] telâşla "Efendi hırsız geziniyor" demekle Hoca gayet kayıdsız bir tavırla "Karı sen hiç tanıma. Keşke o işe yarayacak bir şey bulsun da elden alması kolaydır" demiş.

(Lâtîfe): Bir gece karısı "A koca biraz ileri git" deyince heman Hoca papuşları ayağına çeküp aldı yürüyü verdi. İki sâ'at kadar gitdikden sonra bir bildigi adama rast gelüp "Benim karıya söyle daha gideyim mi" demiş.

(Lâtîfe): Hoca bir gece yatıyorken "Aman karı kalk. Mumu yak. Hâtırıma parlak bir mısra' geldi, yazayım" der. Kadın heman kalkup mumu yakar. Divit kalem getirüp bir kâğıda kemâl-i i'tinâ[109] ile yazar. Mumu söndürüp yatmak ister. Kadın "Cânım Efendi, böyle geceyarısı sıkı fıkı yazdığın şeyi oku bakalım" deyince Hoca burnuna gözlüğünü koyup şöyle okumuş: "Yeşil yaprak arasında kara tavuk kızıl burnu".

(Lâtîfe): Hoca Efendi bir iki def'a evine ciger getirir. Karısı dostuna yedirir. Akşam ta'âmında Hoca'nın önüne hamur

---

[108] Haremi: Hanımı.
[109] Kemâl-i i'tinâ: Dikkatlice.

ایدرك همان اوقور. آیك شعلهسنه ایكی اللریله صاریلوب یاواشجه
اینمك سوداسیله كندیسنی قالدیرر، طامدی آشاغی بیراقی ویررر.
«پات» دییه یره دوشر، خردوخاش اولور. خواجه همان قوشهرق
خیرسیزك یاقهسندن صاریلیر وبر طرفدن «قاری! چابوق! مومی
گتیر. خیرسیزی یاقهلادم» دیه باغیرنجه بی تاب خیرسز ایگلهمه
قبیلندن «لطف ایله، افندی حضرتلری. عجله ایتمه. او دعا
ایكن بو عقل بنده ایكن، بن بورادن اویله قولای قولای قیمیلانوب
ده الگدن قورتوله‌مام» دیمشدر.

‹‹لطیفه›› برگون خواجهنك خانهسنه خیرسیز كیرر. حرمی
تلاشله «افندی. خیرسیز گزینیور» دیمكله خواجه غایت قیدسز
بر طورله «قاری سن هیچ طینمه. كاشكه او ایشه یارایهجق برشی
بولسون ده الندن آلمهسی قولایدر» دیمش.

‹‹لطیفه›› بر كیجه قاریی «آ قوجه، براز ایلری كیت» دیینجه
همان خواجه پاپوشلری آیاغینه چكوب آلدی یورویی ویردی. ایكی
ساعت قدر كیتدكدن صوكره بر بیلدیكی آدمه راست كلوب «بنم
قاری یه سویله. داها كیده‌یممی» دیمش.

‹‹لطیفه›› خواجه بر كیجه یاتیركن «آمان قاری قالق. مومی یاق.
خاطریمه پارلاق بر مصرع كلدی. یازهیم» دیر. قادین همان قالقوب
مومی یاقار. دیویت قلم كتیروب بر كاغده كمال اعتنا ایله یازار.
مومی سوندوروب یاتمق ایسترر. قادین «جانم افندی. بویله كیجه
یاریسی صیقی فیقی یازدیغك شیئی اوقو، باقهلم» دیینجه خواجه
بورننه كوزلكنی قویوب شویله اوقومش:

یشیل یاپراق آراسنده قاره طاووق قیزیل بورنی

‹‹لطیفه›› خواجه افندی بر ایكی دفعه أوینه جكر كتیرر.
قاریسی دوستنه یدیرر. آقشام طعامنده خواجهنك اوگینه خمور

٤٩

mancesi koyarmış. Birgün Hoca "A karı! Ben ara sıra ciger alıyorum. Yemek kısmet olmayor. Nereye gidiyor" diye sormasına kadın "Hep kedi kapıyor" diye cevâb verince Hoca heman kalkup baltayı sandık içine kilitler. Kadının "Baltayı kimden saklıyorsun" demesine Hoca "Kediden..." diyüp tekrâr kadın "Kedi baltayı ne yapsın" diye müte'accibâne[110] sorunca Hoca rahmetullahi aleyh "Be Kadın! İki akçelik cigeri kapan kırk akçelik baltayı almaz mı" demişdir.

(Lâtîfe): Birgün Hoca zevcesiyle berâber göl başına çamaşır yıkamağa giderler. Çamaşırları yıgup sabunu koyup işe başlayacakları esnada heman bir kara kuzgun gelüp sabunu kapup gitmiş. Karısı "Efendi yetiş! Sabunu kuzgun kapdı" diye haykırmağla Hoca fütûrsuzca "A karı! Ne telâş ediyorsun. Varsın alsın. Onun üstü bizden kirlidir" demiş.

(Lâtîfe): Birgün Hoca'nın zevcesi diğer kadınlarla berâber Akşehir Gölü kenârında çamaşır yıkamağa giderler. Meger oranın a'yânı[111] da adamlarıyla berâber o civâra gezmege çıkmış imiş. Çamaşır yıkayan açık, saçık kadınları seyr etmege başlamış. Hoca'nın zevcesi "Be terbiyesiz herîf ne bakıyorsun" diye paylamağla a'yân adamlarına "Bu kimin karısıdır" deyüp "Hoca Nasreddîn Efendi'nindir" derler. İrtesi gün a'yân Hoca'yı çağırtır. "Fülân elbise giymiş ve fülân şekl ve simâda kadın senin midir" deyüp "Evet" cevâbını alır. A'yân "Haydi onu bana gönder" deyüp Hoca ne yapacağını su'âl eylemesi üzerine "Ona bir şey soracağım" deyince Hoca "Bana sor da ben de gideyim ona sorayım" demiş.

---

[110] Müte'accibâne: Şaşkın şaşkın
[111] A'yân: Bir bölgenin önde gelen, nüfûzlu kişisi.

مانجهسی قویارمش. بركون خواجه «آ قاری. بن آره صیره جكر آلییورم. یمك قسمت اولمایور نرهیه كیدییور» دییه صورماسنه قادین «هپ كدی قاپیور» دییه جواب ویرنجه خواجه همان قالقوب بالطهیی صاندیق ایچینه كیلیدر. قادینك «بالطهیی كیمدن صاقلایورسین» دیمهسنه خواجه «كدیدن...» دییوب تكرار قادین «كدی بالطهیی نه یاپسین» دییه متعجبانه صورنجه خواجه رحمة الله علیه «به قادین. ایكی آقچهلق جكری قاپان قر آقچهلق بالطهیی آلمزمی» دیمشدر.

«لطیفه» بركون خواجه زوجهسیله برابر كول باشینه چاماشیر ییقامغه كیدرلر. چاماشیرلری ییغوب صابونی قویوب ایشه باشلایهجقلری اثناده امان بر قاره قوزغون كلوب صابونی قاپوب كیتمش. قاریسی «افندی ییتیش. صابونی قوزغون قاپدی» دیه هایقیرمغله خواجه فتورسزجه «آ قاری. نه تلاش ایدییورسین. وارسین آلسین. اونك اوستی بزدن كیرلیدر» دیمش.

«لطیفه» بركون خواجهنك زوجهسی دیكر قادینلرله برابر آقشهر كولی كنارنده چاماشیر ییقامغه كیدرلر. مكر اورانك اعیانی‌ده آدملریله برابر او جواره كزمكه چیقمش ایمش. چاماشیر ییقایان آچیق، صاچیق قادینلری سیر ایتمكه باشلامش. خواجهنك زوجهسی «نه تربیهسز حریف نه باقییورسین» دییه پایلامغله اعیان آدملرینه «بو كمیك قاریسیدر» دییوب «خواجه نصر الدین افندینكدر» دیرلر. ایرتهسی كون اعیان خواجهیی چاغیرتیر. «فلان البسه گیمیش فلان شكل وسیماده قادین سنكمیدر» دییوب «أوهت» جوابنی آلیر. اعیان «هایدی اونی بگا بگا گوندر» دییوب خواجه نه یاپهجغنی سؤال ایلهمهسی اوزرینه «اوگا برشی صورهجغم» دیینجه خواجه «بگا صورده بنده گیدهیم اوگا صورهیم» دیمش.

۵۱

(**Lâtîfe**): Hoca'nın oğlına "Patlıcan nedir" diye sormuşlar. "Gözü açılmadık sığırcık yavrusıdır" deyince Hoca oradan kemâl-i iftihârla atılup "Ben ögretmedim. Oğlan kendisi zihninde buldu" demiş.

(**Lâtîfe**): Hoca Nasreddîn bir berberden tıraş olup bir akçe verir. İrtesi hafta yine tıraş oldıkdan sonra berber mu'tâd vechile[112] aynayı Hoca'nın önüne koyar. Hoca berbere der ki: "Biliyorsun ki benim başımın yarısı keldir. Şu sûretde sen her vakt yarım baş tıraş etmiş oluyorsun. Geçen haftanınki ile berâber iki tıraş bir akçeye olsa olmaz mı"

(**Lâtîfe**): Hoca evlenecegi akşam eşi dostu da'vet ederler. Herkes yer içer. Hoca'yı çağırmağı unuturlar. En sevdigi zerdeden mahrûm kalınca Hoca darılır, çıkar gider. Bir aralık Hoca'yı ararlar bulamazlar. Öteye beriye adamlar saldırırlar. Bin müşkilâtla uzak bir mahalden yakalar getirirler. Erkân-ı a'ileden ba'zıları "Gel a cânım nerdesin. Gerdege gireceksin. İki sâ'atdir seni arayoruz" deyince Hoca dargın bir sûretle "Neme lâzım. Sarı aşı yiyen girsin gerdege" demiş.

(**Lâtîfe**): Bir vakt Hoca kârvânla[113] sefere giderken bir sabah irkenden herkes ale'l-acele hayvanlarına binmege başlarlar. Hoca'nın atını da binek taşına hazırlarlar. Üzengiye hemandem sağ ayağını geçirüp sıçrayınca Hoca'nın yüzü atın sağrısına gelir. "Efendi yazık sana. Ata ters bindin" dediklerinde Hoca "Ben ters degilim. Hayvan solakdır" demiş.

---

[112] Mu'tâd vechile: Her zamanki gibi.
[113] Kârvân: Kervan.

﴿لطيفه﴾ خواجه‌نك اوغلينه «پاطليجان نه‌در» دييه صورمشلر.
«گوزی آچيلمادیق صیغیرجق یاوروسیدر» دیینجه خواجه اورادن
كمال افتخارله آتيلوب «بن اوكرتمه‌دم. اوغلان كنديسی ذهننده
بولدی» دیمش.

﴿لطيفه﴾ خواجه نصر الدين بر بربردن تراش اولوب بر آقچه
ويرير. ايرته‌سی هفته ينه تراش اولديقدن صوكره بربر معتاد وجهله
آيينه‌یی خواجه‌نك اوكنه قویار. خواجه بربره ديكه: بيليورسين كه
بنم باشمك یاريسی كَلدر. شو صورتده سن هر وقت یاريم باش
تراش ايتمش اوليورسين. گچن هفته‌نككی ايله برابر ايكی تراش بر
آقچه‌يه اولسه اولمزمی.

﴿لطيفه﴾ خواجه أولنه‌جكی اقشام اشی دوستی دعوت ايدرلر.
هركس یر ايچر. خواجه‌یی چاغيرمغه اونوتورلر. اك سودیكی زردهدن
محروم قالنجه خواجه طاريلير، چيقار كيدر. بر آرهلق خواجه‌یی
آرارلر بوله‌مزلر. اوته‌یه بری يه آدملر صالديررلر. بيك مشكلاتله
اوزاق بر محلدن یاقه‌لار گتيررلر. اركان عائلهدن بعضلری «گل آ
جانم نردهسين. گردكه كيره‌جكسين. ايكی ساعتدر سنی آرايورز»
دیينجه خواجه طارغين بر صورتله «نهمه لازم. صاری آشی ييين
كيرسين گردكه» دیمش.

﴿لطيفه﴾ بر وقت خواجه كاروانله سفره كيدركن بر صباح
ايركندن هركس علی العجله حيوانلرينه بينمكه باشلارلر. خواجه‌نك
آتينی ده بينك طاشينه حاضرلارلر. اوزنكی يه همماندم صاغ آياغنی
گچيروب صيچراينجه خواجه‌نك يوزی آتك صاغربسنه گلير.
«افندی یازیق سكا. آته ترس بيندك.» ديدكلرنده خواجه «بن ترس
دكلم. حيوان صولاقدر» دیمش.

۵۳

(Lâtîfe): Hoca'nın "Hammâd" nâmında Habeşî bir tilmîzi[114] var imiş. Birgün Hoca'nın elbisesindeki mürekkeb lekesini sordıklarında "Dün benim Hammad derse geç kalmış, koşup terlemiş de elimi öperken üstüme teri damladı" demiş.

(Lâtîfe): Birgün Hoca minbere çıkup "Müslümanlar! Size bir şey söyleyecegim. Oğullarınız olursa zinhâr adını Eyüb koymayınız. Zîrâ halkın dilinde çokca söylene söylene ip olur" demiş.

(Lâtîfe): Hoca bir vakt abdest almış. Bir ayağına su yetişmemiş. Kaz gibi bir ayağı üstine durmuş. "Efendi ne yapıyorsun" diye soranlara "Sol ayağımın abdesti yokdur" demiş.

(Lâtîfe): Bir akşam Hoca'ya bir misâfir gelir, yatarlar. Geceyarısı misâfir "Efendi sağ tarafında mum var. Ver de yakayım" der. Hoca "Sen deli mi oldun. Ben bu zifiri karanlıkda sağ tarafımı ne bileyim" demiş.

(Lâtîfe): Birgün Hoca'ya "Senin tâli'in nedir" derler. "Tekedir" der. "Efendi zâyiçede[115] hiç teke yazmaz" derler. Hoca "Ben çocukdum. Vâlidem tâli'imi yoklatdı. Cedydir[116] dediler idi" dedi. "Efendi cedy teke değil, oğlak demekdir" demeleriyle "Be ahmaklar. Ben de bilirim" cedy "nin oğlak olduğunu. Fakat anam benim tâli'ime bakdıralı kırk yıl oldu. O zamândan beri oğlak teke olmadı mı" demiş.

(Lâtîfe): Bir zamân Hoca Sivrihisar'da hatîb iken sûbaşı[117] ile gavga eder. Tesâdüfen o esnada sûbâşı ölür, defn ederler. Hoca'ya "Efendi gel telkin[118] ver" derler. Hoca "Başka adam bulun, benimle gavgalıdır. Sözimi tutmaz" demiş.

---

[114] Tilmîz: Talebe, çömez, çırak.

[115] Zâyiçe: Yıldızların belli zamandaki yerlerini ve durumlarını gösteren cetvel.

[116] Cedy: Keçi yavrusu. On iki burçtan birinin adı.

[117] Sûbaşı: Bir şehrin ve özellikle küçük kasabaların inzibat işlerinin âmiri.

[118] Telkîn: Ölü gömüldükten sonra mezar başında imamın söylediği dînî sözler.

﴿لطیفه﴾ خواجهنك «حمّاد» نامنده حبشی بر تلمیذی وار ایمش. برگون خواجهنك البسهسندهکی مُرکّب لکهسنی صوردیقلرنده «دون بزم حماد درسه کچ قالمش، قوشوب ترلهمش ده الیمی اوپرکن اوستمه تری طاملهدی» دیمش.

﴿لطیفه﴾ برگون خواجه منبره چیقوب «مسلمانلر. سزه برشی سویلهیهجکم. اوغللرکز اولورسه زنهار آدینی ایوب قویمایکز. زیرا خلقك دیلنده چوقجه سویلهنه سویلهنه ایپ اولور» دیمش.

﴿لطیفه﴾ خواجه بر وقت آبدست آلمش. بر آیاغینه صو یتشمهمش. قاز کبی بر آیاغی اوستینه طورمش. «افندی نه یاپییورسین» دییه صورانلره «صول آیاغمك آبدستی یوقدر» دیمش.

﴿لطیفه﴾ بر آقشام خواجهیه بر مسافر گلیر. یاتارلر. کیجه یاریسی مسافر «افندی. صاغ طرفکده موم وار. ویرده یاقهیم» دیر. خواجه «سن دلیمی اولدك. بن بو زفیری قرانلقده صاغ طرفمی نه بیلهیم» دیمش.

﴿لطیفه﴾ برکون خواجهیه «سنك طالعك نهدر» دیرلر. «تکهدر» دیر. «افندی زایچهده هیچ تکه یازمز» دیرلر. خواجه بن چوجقدم. والدهم طالعمی یوقلاتدی. جدی در دیدیلر ایدی» دیدی. «افندی جدی تکه دکل، اوغلاق دیمکدر» دیمهلریله «به احمقلر. بن ده بیلیرم «جدی» نك اوغلاق اولدیغنی. فقط آنام بنم طالعمه باقدیرهلی قرق ییل اولدی. او زماندن بری اوغلاق تکه اولمهدیمی» دیمش.

﴿لطیفه﴾ بر زمان خواجه سیوری حصارده خطیب ایکن صو باشی ایله غوغا ایدر. تصادفاً او اثناده صو باشی اولور، دفن ایدرلر. خواجهیه «افندی. کل تلقین ویر» دیرلر. خواجه «باشقه آدم بولك، بنمله غوغالیدر. سوزمی طوتمز» دیمش.

۵۵

(Lâtîfe): İki komşu birbirine bitişik hânelerinin karşısındaki dükkânda otururken bir köpek gelüp iki evin ortası hizâsında sokağa yestehler. Biri der "Senin evine yakındır, sen kaldır". Öbürü "Hayır senin evine daha yakındır. Sana düşer" diyerek nizâ'yı artırup mahkemeye giderler. Meger Hoca Efendi de kadının yanında bulunuyormuş. Kadı, Hoca merhûmla eglenmek içün "Efendi bu da'vayı sen fasl et" deyince Hoca müdde'îlere[119] hitâben bilâtereddüd[120] "O sokak tarîk-i âmm degil mi. O ber-hevâdır, kimsenin mülkü olamaz. Bu sûretde ne sana düşer, ne buna düşer. O nesne kadı efendiye düşer" demiş.

(Latîfe): Birgün Hoca'nın buzağusını bükelek tutmuş. Öte beri koşarmış. Hoca heman bir sopa yakalayup öküzü dögmege başlamış. "Hoca şimdi bunu niye dögiyorsun, kabâhati nedir" dediklerinde "Hep suç bunundur. Bu ögretmemiş olsa dünkü buzağı bu haşarılığı ne bilsin" demiş.

(Latîfe): Birgün Hoca derbende giderken bir çobana rast gelüp çoban "Efendi fakih[121] misin" der. Hoca "Evet" der. Çoban der ki: "Bak şu derenin içinde yanan cânlara. Bunlara mesele[122] sordum. Bilemediler. Hep öldürdüm. İbtidâ gel seninle kavl edelim[123]. Cevâba kadir isen mesele sorayım. Degilsen sormayayım". Hoca cevâben "Nedir suâlin" der. Çoban "Ay yeni iken küçük olur. Sonra büyük. Tekerlek olur. On beşinden sonra küçülür. Hilâl kadar kalır. Sonra ga'ib olur. O eski ayı ne yaparlar" der. Hoca şu kadar şeyi bilemedin mi. O eskiyen ayı uzanırlar da şimşek yaparlar. Görmez misin. Gök gürleyince nasıl kılıç gibi

---

[119] Müdde'îler: İddia sahipleri.
[120] Bilâ-tereddüd: Tereddüt etmeksizin.
[121] Fakīh: Fıkıh bilgini.
[122] Mesele: Soru.
[123] Kavl etmek: Anlaşmak.

‏«لطیفه» ایکی قومشو بربرینه بیتیشیك خانەلرینك قارشیسندەكی دكانده اوتورورکن بر کوبك كلوب ایکی اولُك اورتەسی حذاسنده سوقاغه یستەهلر. بری دیر: سنك اویكه یاقیندر، سن قالدیر. اوبری «خیر سنك أویكه داها یاقیندر. سکا دوشر» دییەرك نزاعی آرتیروب محکمەیه کیدرلر. مکر خواجه افندی ده قاضینك یاننده بولویورمش. قاضی خواجه مرحومله اكلنمك ایچون «افندی. بو دعوایی سن فصل ایت» دیینجه خواجه مدعیەلره خطابًا بلا تردد «او سوقاق طریق عام دکلمی. او برهوادر، كیمسەنك ملکی اولەمز. بو صورتده نه سکا دوشر، نه بوکا دوشر او نسنه قاضی افندی یه دوشر» دیمش.

‏«لطیفه» برکون خواجەنك بوزاغوسنی بوکەلَك طوتمش. اوته بَری قوشارمش. خواجه همان بو صوپا یاقالایوب اوکوزی دوكمكه باشلامش. «خواجه. شیمدی بونی نەیه دوکییورسین، قباحتی نەدر» دیدكلرنده «هپ صوچ بونکدر. بو اوکرەتمەمش اولسه دونکی بوزاغو بو خاشاریلغی نه بیلسین» دیمش.

‏«لطیفه» برکون خواجه دربنده گیدرکن بر چوبانه راست گلوب چوبان «افندی! فقیهمیسین» دیر. خواجه «أوەت» دیر. چوبان دیرکه: باق شو درەنك ایچنده یاتان جانلرله؟ بونلره مسئله صوردم. بیلمەمەدیلر. هپ اولدوردم. ابتدا كل سنكله قَول ایدەلم. جوابه قادر ایسەك مسئله صورەیم. دكلسەك صورمایەیم». خواجه جوابًا «نەدر سؤالك» دیر. چوبان «آی یكُی ایكن کوچوك اولور. صوکره بویور. تکرلك اولور. اون بشندن صوکره کوچولور. هلال قدر قالیر. صوکره غائب اولور. او أسکی آیی نه یاپارلر» دیر. خواجه «شو قدر شیئی بیلمەدكمی. او اسکی ین آیی اوزاتیرلرده شیمشك یاپارلر. کورمزمیسین، گوك گورلەینجه ناصل قیلیج گبی

‏٥٧

parlar" deyince çoban âferin fakih. İyi bildin. Ben de öyle fikr ederdim" demiş.

(Latîfe): Bir vakt bir köylü Hoca merhûma bir tavşan getirir. Hoca köylüye elden geldigi kadar izzet ve ikrâm eder. Bir hafta sonra yine gelir. Hoca tanıyamaz. "Geçen hafta size tavşan getiren köylüyüm" der. Hoca hüsn-i kabûl[124] gösterüp çorba çıkarır. "Tavşan suyundan çorbaya buyurun" diye latîfe eder. Birkaç gün sonra üç dört köylü gelüp misâfir olmak isterler. Hoca "Siz kimlersiniz" diye sorar. "Tavşan getirenin komşularıyız" derler. Hoca bunlara da lokma çıkarır, mihmân eder[125]. Bir hafta sonra yine birkaç kişi gelirler. Hoca bunlara da sorar. "Tavşanı getiren köylünün komşusunun komşusuyuz" derler. Hoca "Hoş geldiniz" diyüp ortalık kararmadan heman önlerine bir tas su getirir. Köyliler tasa hayrân hayrân bakdıkdan sonra "Efendi bu nedir" demeleriyle Hoca dahi "Tavşanın suyunun suyunun suyudur" demiş.

(Latîfe): Birgün Hoca eşegine binüp şehir hâricindeki bağçesine giderken yolda abdest bozacağı gelir. Sırtından abdestligi çıkarup eşegin üstüne atar. Kendisi bir iki adım ileride bir ağaç siperinde abdest bozar. O esnada bir hırsız gelüp yavaşça Hoca'nın cübbesini alır götürür. Hoca gelir bakar ki cübbe çalınmış. Heman eşegin semerini sırtından çıkarır, arkasına giyer. Eşegin kıçına muhkem bir kamçı indirüp "Nasıl çaldırdınsa öylece getir abdestligimi, al semerini" demişdir.

(Latîfe): Birgün mahalle çocukları birbirlerine "Geliniz, Hoca'yı ağaca çıkarup papuşlarını çalalım" diye karârlaşdırırlar. Bir

---

[124] Hüsn-i kabûl: İyi bir şekilde karşılama
[125] Mihmân etmek: Misafir etmek.

پارلار» دیینجه چوبان «آفرین فقیه. ایی بیلدك. بن ده اویله فكر ایدردم» دیمش.

«لطیفه» بر وقت بر كویلی خواجه مرحومه بر طاوشان كتیرر. خواجه كویلی یه الدن گلدیكی قدر عزت واكرام ایدر. بر هفته صوكره ینه گلیر. خواجه طانییه‌مز. «كجن هفته سزه طاوشان گتیرن كویلی یم» دیر. خواجه حسن قبول گوستروب چوربا چیقارر. «طاوشان صویندن چوربایه بویروك» دییه لطیفه ایدر. برقاچ گون صوكره اوچ دورت كویلی گلوب مسافر اولمق ایسترلر. خواجه «سز كیملرسكز» دییه صورار. «طاوشان گتیرن قومشولری یز» دیرلر. خواجه بونلره لقمه‌ده لقمه چیقارر، مهمان ایدر. بر هفته صوكره ینه برقاچ كیشی كلیرلر. خواجه بولره‌ده صورار. «طاوشان گتیرن كویلی نك قومشوسنك قومشوسی یز» دیرلر. خواجه «خوش گلدیكز» دییوب اورته‌لق قارارمه‌دن همان اوگلرینه صو گتیرر. كویلیلر طاسه حیران حیران باقدیقدن صوكره «افندی بو نه‌در» دیمه‌لریله خواجه دخی «طاوشانك صوینك صوینك صوییدر» دیمش.

«لطیفه» بركون خواجه اشكینه بینوب شهر خارجنده‌كی باغچه‌سنه كیدركن یولده آبدست بوزه‌جغی كلیر. صیرتندن آبدستلكی چیقاروب اشكك اوستنه آتار. كندیسی بر ایكی آدیم ایلریده بر آغاچ سپرنده آبدست بوزار. او اثناده بر خیرسز كلوب یاواشجه خواجه‌نك جبّه‌سنی آلیر كوتورور. خواجه كلیر باقاركه جبه چالینمش. همان اشكك سمرینی صیرتندن چیقارر، آرقه‌سنه گیَر. اشكك قیچینه محكم بر قامچی ایندیروب «ناصل چالدیردكسه اویله‌جه كتیر آبدستلكمی، آل سمریكی» دیمشدر.

«لطیفه» بركون محله چوجقلری بربرلرینه «گلیگز. خواجه‌یی آغاجه چیقاروب پاپوشلرینی چاله‌لم» دییه قرارلاشدیریرلر. بر آغاجك

ağacın dibinde "Kimse bu ağaca çıkamaz" diye şiddetli mübâhaseye[126] başlarlar. Hoca oradan geçerken bahse kulak verüp içlerine karışarak "Ben çıkarım" der. Çocuklar da "Çıkamazsın. Çıkılacak gibi görünür amma her yigidin kârı degildir. Git işine" derler. Hoca bir ateş kesilüp "Çıkar mıyım çıkamaz mıyım ben şimdi size gösteririm" diyerek heman Hoca eteklerini beline çemreyüp[127] papuşları sıkı sıkı koynuna sokmağa uğraşır. Çocuklar "Efendi papucu neye koynuna sokuyorsun. Ağacda papucun ne lüzûmu var" dediklerinde Hoca "Ey... ne bildiniz evlâdlar. Hâzır yanımda bulunsun. Belki ağacdan öteye yol düşer" demiş.

(Latîfe): Birgün Timur-leng Hoca'yı cirid oyununa da'vet eder. "Hayvanına binsün gelsin de biraz cirid oynamalım" der. Hoca'nın bir koca öküzü var imiş. Heman öküzün sırtına bir palan urup meydana hâzır olur. Halk bunu görünce kahkahaları meydanı velveleye verir. Emîr Timur huzûrına celb edüp "Hoca! Cirid oyununda hayvanın gayet çevik olması ve kuş gibi segirtmesi lâzımdır. Bu battâl, kaltaban öküze neye bindin" dedikde Hoca demiş ki: "Vâkı'â beş on senedir tecrübe etdigim yok. Fakat buzağı iken görürdüm. Öyle koşardı ki ardından at degil kuş bile yetişmezdi".

(Latîfe): Birgün kızı kilâra[128] bir şey almak için girdikde bakar ki Hoca bir küp arkasına gizlenmiş yatıyor. "Efendi Baba, burada ne yapıyorsun" deyince "A kızım ne yapacağım. Şu ananın elinden gurbet illerde öleyim de bârî kurtulayım" demiş.

(Latîfe): Birgün Nasreddîn Efendi evinde otururken bir adam kapuyu çalar. Hoca "Ne istersin" der. "Bir parça aşağıya

---

[126] Mübâhase: Bir konu hakkında birkaç kişinin biraraya gelerek konuşması.
[127] Çemremek: Kolu, paçayı, eteği kıvırıp sıvamak.
[128] Kilâr: Kiler, yiyeceklerin saklandığı depo.

دیینده «كیمسه بو اغاجه چیقامز» دییه شدتلی مباحثه‌یه باشلارلر. خواجه اورادن كچركن بحثه قولاق ویروب ایچلرینه قاریشه‌رق «بن چیقارم» دیر. چوجقلرده «چیقامزسین. چیقیله‌جق گبی گورونور امّا هر ییكیدك كاری دكلدر. گیت ایشیكه» دیرلر. خواجه بر آتش كسیلوب «چیقارمی یم. چیقامزمی یم. بن شیمدی سزه كوستریرم» دییه‌رك همان خواجه اتكلرینی بلینه چمره‌یوب پاپوشلری صیقی صیقی صوقمغه اوغراشیر. چوجقلر «افندی «پاپوجی نه‌یه قوینكه صوقیورسین. آغاجده پاپوجك نه لزومی وار» دیدیكلرنده خواجه «ای... نه بیلیرسیكز اولادلر. حاضر یانمده بولونسون. بلكه آغاجدن اوته‌یه یول دوشر» دیمش.

《لطیفه》 بركون تیمورلنك خواجه‌یی جرید اویونه دعوت ایدر. «حیوانه بینسون كلسون ده براز جرید اوینایه‌لم» دیر. خواجه‌نك بر قوجه اوكوزی وار ایمش. همان اوكوزك صیرتینه بر پالان اوروب میدانه اولور. خلق بونی كورونجه قهقهه‌لری میدانی ولوله‌یه ویریر. امیر تیمور حضورینه جلب ایدوب «خواجه! جرید اویونده حیوانك غایت چویك اولمه‌سی وقوش گبی سكیرتمه‌سی لازمدر. بو بطّال، قالتابان اوكوزه نه‌یه بیندك» دیدیكده خواجه دیمش كه: واقعا بش اون سنه‌در تجربه ایتدیكم یوق. فقط بوزاغی ایكن گوروردم. اویله قوشاردی كه آردندن آت دكل قوش بیله یتشمزدی.

《لطیفه》 بركون قیزی كیلاره برشی آلمق ایچون گیردكده باقركه خواجه بر كوپ آرقه‌سینه كیزلنمش یاتییور. «افندی بابا. بوراده نه یابییورسین» دینجه «آ قیزم نه یاپه‌جغم. شو آنانك الندن غربت ایللرده أوله‌یم ده باری قورتوله‌یم» دیمش.

《لطیفه》 بركون نصر الدین افندی أونده اوتورورركن بر آدم قاپویی چالار. خواجه «نه ایسترسین» دیر. «بر پارچه آشاغی یه

٦١

geliniz" der. Hoca aşağıya inüp kapuya varınca fakir adam "Sadaka isterim" deyince Hoca hiddetlenüp fakat hiç tavrını bozmayarak "Yukarı gel" der. Fakir tâ kendi oturduğu üst kata çıkınca Hoca "Allah vere" demekle fakir "Be hey efendi. Mâdemki boş gönderecekdin, niçün aşağıda söylemedin" deyince Hoca "Ya ben yukarıda iken sen ne içün söylemedin de beni tâ kapunun önüne kadar indirdin" demiş.

(Latîfe): Birgün Hoca monlâları[129] arkasında olduğu hâlde câmi'-i şerîfe derse giderken merkebine ters biner. Monlâlar "Hoca Efendi niçün böyle binüp rahatsız oluyorsun" dediklerinde Efendi cevâben "Eger doğru binsem siz benim arkamda kalacaksınız, siz önde gidecek olsanız sizin arkanız benim önüme düşecek. İmdi böylece binmek evlâdır" demiş.

(Latîfe): Merhûm Nasreddîn Efendi'nin bir mikdâr akçesi var imiş. Birgün hânesi tenhâ iken bir yeri kazar, gömer. Kapuya gider, bakar "Ben hırsız olsam bunu derhâl bulurum" der, oradan kaldırır, başka yere gömer. Yine uzakdan mu'âyene edüp "Bu da olmadı" diyerek başka bir yere saklar. Elhâsıl hiç birine gönlü kani' olmaz. Meger hânesinin önünde bir tepecik var imiş. Bağçesinden bir uzun sırık kesüp akçeyi torba ile bu sırığa bağlar. Götürüp sırığı o tepeye diker. Aşağı inüp bukarı nazar eder. Artık gönlü râhat olup "Adam kuş degil ki üçe da bunun üzerine çıka. İyi yerini buldum" diyerek gider. Meger harâm-zâdenin biri Hoca'yı gözetir imiş. Hoca gitdigi gibi tepeye çıkar, sırığı söker, çıkarır. Akçeyi alır. Sırığın

---

[129] Monlâ/Mollâ: Medrese talebesi.

گليكز» دير. خواجه آشاغى يه اينوب قاپويه وارنجه فير آدم «صدقه
ايسترم» دييينجه خواجه حدتله‌نوب فقط هيچ طورينى بوزمايه‌رق
«يوقارى كل» دير. فقير تا كندى اوتورديغى اوست قاته چيقنجه
خواجه «الله ويره» ديمكله فقير «بهى افندى» مادامكه بوش
كوندره‌جكدك. نيچون آشاغيده سويله‌مه‌دك؟ دييينجه خواجه «يا بن
يوقاريده ايكن سن نه ايچون سويله‌مه‌دك ده بنى تا قاپونك اوكينه قدر
اينديردك» ديمش.

«لطيفه» بركون خواجه ملّالرى آرقه‌سنده اولديغى حالده جامع
شريفه درسه گيدركن مركبنده ترس بينر. ملنالار «خواجه افندى نيچون
يويله ترس بينوب راحتسز اوليورسين» ديديكلرنده افندى جواباً «اكر
طوغرى بينسه‌م سز بنم آرقه‌مده قاله‌جقسكز. سز اوكده كيده‌جك
اولسه‌كز سزك آرقه‌كز بنم اوكمه دوشه‌جك. ايمدى بويله‌جه بينمك
اولادر» ديمش.

«لطيفه» مرحوم نصر الدين افندينك برمقدار آقچه‌سى وار
ايمش. بركون خانه‌سى تنها ايكن بر يرى قازار، كومر. قاپويه
قدر كيدر؛ باقار. «بن خيرسيز اولسه‌م بونى درحال بولورم» دير،
اورادن قالديرير، باشقه يره كومر. ينه اوزاقدن معاينه ايدوب
«بوده اولمه‌دى» دييه‌رك باشقه بر يره صاقلار. الحاصل هيچ برينه
كوكلى قانع اولمز. مكر خانه‌سنك اوكنده بر تپه‌جك وار ايمش.
باغچه‌سندن بر اوزون صيريق كسوب آقچه‌يى طوربه ايله بو
صيريغه باغلار. كوتوروب صيريغى او تپه‌يه ديكر. آشاغى اينوب
يوقارى نظر ايدر. آرتق كوكلى راحت اولوب «آدم قوش دكل
كه اوچده بونك اوزرينه چيقه. أيى يرينى بولدم» دييه‌رك كيدر.
مكر حرامزاده‌نك برى خواجه‌يى كوزه‌تير ايمش. خواجه كيتديكى
كبى تپه‌يه چيقار، صيريغى سوكر، چيقارير. آقچه‌يى آلير. صيريغك

٦٣

tepesine biraz sığır tezegi sürer. Sırığı yine yerine diker, gider. Bir aralık Hoca'ya akçe lâzım olmuş sırığın dibine gelir, görür ki akçe torbasıyla gitmiş. Sırığın tâ tepesinde sığır tezegi var. Kendi kendine kemâl-i hayretle "Ben bu sırığa adam çıkamaz der idim. Ya bunun tepesine sığır nasıl çıkmış. Sübhânallah! Bu bir garîb iş-dir" diyüp başını sallarmış. Rahmetullahi aleyh.

(Latîfe): Birgün Hoca evine gelirken birkaç tâlib-i ilme rast gelir. "Efendiler bu gece bize gidelim. Baba çorbasını bizde içelim" der. Talebe "Pek güzel" diyüp Hoca'nın arkasına düşer. Eve gelirler. Hoca "Buyurun" diyüp odaya çıkarır. İçeri girer "Karıcığım birkaç misâfir getirdim. Bir tas çorba ver de yiyelim" demekle zevcesi "Ah Efendi evde yağ mı var, pirinc mi var. Masraf getirdigin var mı ki çorba istersin" cevâbını verir. Hoca mahzûn olup "Kadın ver oradan bana çorba tasını" der tası alup efendilerin yanına gelerek "Efendiler, ta'yîb[130] etmeyiniz. Eger bizim evde yağ, pirinç olsaydı size şu tas ile çorba çıkaracak idim" demiş.

(Latîfe): Bir vakt Hoca hastalanır. Komşu kadınları işidüp hâtır sormağa gelirler. Hoca'yı iyice bulup kadınlardan biri latîfe kasdıyla "Efendi Allah gecinden versin. Şâyed sana bir emr-i Hakk vâki' olursa ne diyerek yas tutalım" diye sorunca Hoca o hâlinde de hazele-gûlukdan[131] vazgeçmeyüp "Kadınların sohbetine doymazdı diye ağlayınız" diyerek kadınları güldürmüş.

(Latîfe): Hoca yine birgün Timur'un ikametgâhına varır. Bunu bir kaltaban ata bindirüp ma'iyyetinde ava götürür. O esnada yağmur

---

[130] Ta'yîb: Ayıplama.
[131] Hazele-gûluk: Yüzsüzlük, hınzırlık.

تپهسینه بر آز صیغیر تزهکی سورر. صیریغی ینه یرینه دیکر، کیدر. بر
آرهلق خواجهیه آقچه لازم اولمش صیریغك دینه کلیر، کورورکه
آقچه طورهسیله کیتمش. صیریغك تا تپهسنده صیغیر تزهکی وار.
کندی کندینه کمال حیرتله «بن بو صیریغه آدم چیقامز دیر ایدم.
یا بونك تپهسنه صیغیر ناصل چیقمش. سبحان الله. بو بر غریب
ایشدر» دییوب باشینی صاللارمش. رحمة الله علیه.

﴿لطیفه﴾ برکون خواجه أوینه کلیرکن برقاچ طالب علمه
راست کلیر. «افندیلر بو کیجه بزه کیدهلم. بابا چورباسنی بزده
ایچهلم» دیر. طلبه «پك کوزل» دییوب خواجهنك آرقهسنه دوشر.
أوه کلیرلر. خواجه «بویروكۇ» دییوب اوطهیه چیقاریر. ایچری کیرر
«قاریجیغم برقاچ مسافر کتیردم. بر طاس چوربا ویرده ییهلم»
دیمکله زوجهسی «آه، افندی أوده یاغمی وار، پیرینجمی وار.
مصرف کتیردیكك وارمی که چوربا ایسترسین» جوابنی ویر.
خواجه محزون اولوب «قادین. ویر اورادن بگا چوربا طاسینی»
دیر طاسی آلوب افندیلرۇ یاننه گلهرك «افندیلر. تعییب ایتمهیكز.
اکر بزم أوده یاغ، پیرینج اولسهیدی سزه شو طاس ایله چوربا
چیقارهجق ایدم» دیمش.

﴿لطیفه﴾ بروقت خواجه خستهلانیر. قومشو قادینلری ایشیدوب
خاطر صورمغه کلیرلر. خواجهیی اییجه بولوب قادینلردن بری لطیفه
قصدیله «افندی. الله گجندن ویرسین. شاید سگا بر امر حق واقع
اولورسه نه دییهرك یاس طوتهلم» دییه صورنجه خواجه او حالندهده
بذله کولقدن واز کچمهیوب «قادیلرۇ صحبتنه دییه آغلاییكز»
دییهرك قادینلری گولدورمشدر.

﴿لطیفه﴾ خواجه ینه برکون تیمورك اقامتکاهنه واریر. بونی بر
قالتابان آته بیندیروب معیتنده آوه کوتورور. آو اثناسنده یاغمور

٦٥

yağmağa başlar. Herkes atlarını tepüp karargâha varırlar. Hoca'nın atı yürümedigi cihetle bi't-tabi'[132] kaçamaz. Heman Hoca çıyıplanup esvâbını altına alır. Yolda yağmur kesilince elbisesini giyüp menzilgâha irişir. Pâdişah Hoca'yı ıslanmamış görünce sebeb ve hikmetini suâl eyler. Hoca "İnsân böyle yigit atın üstünde ıslanır mı. Yağmur başlayınca heman bir üzengi çaldım. Beni kuş gibi menzile irişdirdi" der. Pâdişâh müte'accib olup emr eder. O hayvanı baş tâvileye[133] bağlarlar. O esnada yine şikâra[134] giderler. Pâdişâh o ata biner. Bi't-tesâdüf[135] yine yağmur yağar. Hoca ve sairleri hayvanlarını tepüp heman karargâha irişirler. Pâdişâh o tenbel at üzerinde mükemmel sûretde ıslanır. Geç vakt menzilgâha vâsıl olur. Ertesi gün Hoca'yı çağırtup tekdîr eder[136]. "Sana yakışır mı. Bana yalan söyledin. Aldatdın. Beni kırda sucuk gibi sırsıklam itdin" dedikde Hoca "Cânım ne darılıyorsun. Senin hiç iz'ânın[137] yok mu. Eger sen de benim gibi elbiseni soyunup altına alarak hıfz edeydin ve yağmur bitdiginde tekrâr giyinse idin ıslanmazdın. Benim gibi kup kuru elbise ile gelirdin" demişdir.

(Latîfe): Bir sabah erkenden kapusunun önünde bir arabanın kendi vatanı olan Sivrihisar'a gitmekde olduğunu Hoca işidince heman yatakdan fırlayup gömlekce arabaya atlar. Hoca muhterem ve mazanneden[138] bir zât olmağla işine karışmazlar. Köye yaklaşdıklarında arabacılar bir adam koşdurup Hoca Efendi'nin gelmekde olduğunu haber verirler. Bütün köylü karşı çıkup Hoca'yı çırıl çıplak görerek "Efendi nedir bu hâl" diye hayretle suâl eylemeleriyle Hoca rahmetullahi aleyh "Sizi pek sevdigimden elbise giymesini unutdum" demişdir.

---

[132] Bi't-tabi': Doğal olarak.
[133] Tâvil: Ahır.
[134] Şikâr: Avlama.
[135] Bi't-tesâdüf: Tesadüf sonucu.
[136] Tekdîr etmek: Azarlamak.
[137] İz'ân: Anlayış, akıl.
[138] Mazanne: Ermiş sayılan.

ياغمغه باشلار. هركس آتلرينى تپوب فرارگاهه واريرلر. خواجهنك
آتى يورومهديكى جهتله بالطبع قاچهمز. همان خواجه چيلانوب
اثوابنى آلتينه آلير. يولده ياغمور كسيلنجه البسهسنى گيیوب منزلگاهه
ايرشير. پادشاه خواجهیى ايصلانمامش كورنجه سبب وحكمتنى
سؤال ايلر. خواجه «انسان بویله بیکیت آتك اوستنده ايصلانيرمى.
ياغمور باشلاينجه همان بر اوزنكی چالدم. بنی قوش کبی منزله
ايرشديردی» دير. پادشاه متعجب بولوب امرايدر. او حیوانی
باش طاولهیه باغلارلر. او اثناده ینه شكاره كيدرلر. پادشاه او آته
بینر. بالتصادف ینه ياغمور ياغار. خواجه وسائرلری حیوانلرينی
تپوب همان قرارگاهه ايرشيرلر. پادشاه او تنبل آت اوزرنده مكمل
صورتده ايصلانير. گيج وقت منزلكاهه واصل اولور. ايرتهسی كون
خواجهیى چاغيرتوب تكدير ايدرك «سكا ياقيشيرمى؟ بكا يالان
سویلهدك. آلداتدك. بنی قيرده صوجوق کبی صیر صیقلام ايتدك»
ديديكده خواجه «جانم نه طاريليورسين. سنك هيچ اذعانك يوقمى.
اكر سن ده بنم گبی البسهكى صویونوب آتيكه آلهرق حفظ ايدهيدك.
وياغمور بيتديكنده تكرار گينسه ايدك ايصلانمزدك. بنم گبی قوپ
قورو البسه ايله گليرديك» ديمشدر.

‏**﴿لطيفه﴾** بر صباح ايركندن قاپوسنك اوكنده بر آرابهنك كندی
وطنی اولان سوری حصاره گيتمكده اولديغنی خواجه ايشيدنجه همان
ياتاقدن فيرلايوب كوملكجه آرابهيه آتلار. خواجه محترم ومظنّهدن بر
ذات اولمغله ايشينه قاريشمزلر. كویه ياقلاشديقلرنده آرابهجيلر بر آدم
قوشدوروب خواجه افندينك گتمكده اولديغنی خبر ويررلر. بوتون
كویلی قارشی چيقوب خواجهیى چيريل چيپلاق گورهرك «افندی!
نهدر بو حال» ديه حيرتله سؤال ايلهمهلريله خواجه رحمة الله عليه
«سزی پك سوديكمدن البسه گيمهسنی اونوتدم» ديمشدر.

(Latîfe): Hoca'nın iri ve heybetli bir öküzü olup yay gibi kocaman iki dane boynuzu var imiş. Her zamân hayvan hergeleden salınarak avdet eylerken iki boynuzunun arasına binmege Hoca'nın içi titrer imiş. Kendikendine: "Ah şunun iki boynuzu arasına otursam ellerimle boynuzlarından tutup bir cevelân eylesem" diye hulyâlar kurarmış. Birgün öküz havlide yatarken Hoca fırsat diyüp usulca öküzün alnına oturur. Öküz fenâ hâlde hoplayup Hoca'yı kaldırır, yere çalar. Hoca beyni üzerine tekermeker yuvarlanup düşer. Aklı başından gider. Orada yığılır kalır. Karısı gelüp Hoca'yı o hâlde görünce helâk olmuş sanır, ağlamağa başlar. Sonra Hoca gözlerini açup karısını ağlar görünce "Ağlama karıcığım. Vâkı'â hayli zahmet çekdim ama hele arzûma nâ'il oldum ya" demişdir.

(Latîfe): Hoca birkaç talebeye rastgelüp "Buyurun bize gidelim" diye evin kapısına kadar getirir. "Siz azıcık burada durun" diye içeri girüp haremine bir bahâne ile kapı önündeki sohtaları savmasını söyler. Haremi kapı arkasından gûyâ bilmemezlikden gelerek ne istediklerini sordukdan sonra "Efendi yok" der. Sohtalar "A cânım şimdi berâber geldik. O bizi zorladı getirdi" derler. Kadın Hoca'nın hânede olmadığında ısrâr eder. nizâ'yı artırırlar. Hoca edemeyüp pencereden başını uzatarak "Be efendiler! Ne mücâdele edersiniz. Belki kapı ikidir de birinden çıkmış gitmişdir" der.

﴾لطیفه﴿ خواجەنك ایری وهیبتلی بر اوكوزی اولوب یای كبی قوجەمان ایكی دانه بوینوزی وار ایمش. هرزمان حیوان خرکلەدن صاللایەرق عودت ایلرکن ایكی بوینوزینك آراسینه بینمكه خواجەنك ایچی تیترر ایمش. كندی كندینه «آه شونك ایكی بوینوزی آراسینه اوتورسەم اللرمله بوینوزلرندن طوتوب بر جولان ایلەسەم» دییه خولیالر قورارمش. بركون اوكوز حاولیده یاتارکن خواجه فرصتدر دییوب اوصولجه اوكوزڭ آلنینه اوتورور. اوكوز فنا حالده خویلانوب خواجەیی قالدیرر، یره چالار. خواجه بینی اوزرینی تکر مکر یووارلانوب دوشر، عقلی باشندن كیدر. اوراده ییغیلیر قالیر. قاریسی كلوب خواجەیی او حالده كورونجه هلاك اولمش صانیر، آغلامغه باشلار. بر زمان صوڭره خواجه كوزلرینی آچوب قاریسنی آغلار كورنجه «آغلامه قاریجغم واقعا خیلی زحمت چکدم آما هله آرزومه نائل اولدم یا» دیمشدر.

﴾لطیفه﴿ خواجه برقاچ طلبەیه راست كلوب «بویورك، بزه كیدەلم» دییه أوڭ قابیسنه قدر كتیرر. «سز آزجیق بوراده طورك، دییه ایچری كیروب حرمنه بر بهانه ایله قاپی اوگندەكی سوختەلری صاومەسنی سویلر. حرمی قاپی آرقەسندن گویا بیلمەمزلكدن كلەرك نه ایستەدكلرینی صورردیقدن صوڭره «افندی یوق» دیر. سوختەلر «آ جانم. شیمدی برابر كلدك. او بزی زورلادی كتیردی» دیرلر. قادین خواجەنك خانەده اولمدیغنده اصرار ایدر. نزاعی آرتیریرلر. خواجه صبر ایدەمیوب پنجرەدن باشنی اوزاتەرق «به افندیلر. نه مجادله ایدرسیڭز. بلكه قاپی ایكیدرده برندن چیقمش كیتمشدر» دیر.

٦٩

(Latîfe): Hoca'nın haremi doğuracak olur. İskemle üzerinde bir iki gün oturur, doğuramaz. İçeriden kadınlar "Efendi bir du'â veya bir çâre bilirsen yapalım da çocuk doğsun" demeleriyle Hoca "Ben onun ilâcını bilirim" diye heman bakkala koşup biraz ceviz alarak doğru içeri girer. Ve iskemlenin altına cevizleri dökerek "Şimdi oğlan cevizleri görür görmez oynamağa çıkar" demiştir.

(Latîfe): Birgün haremi mu'azziblik olmak üzere çorbayı sofraya gayet sıcak olarak koyar. Bi'l-âhire yine kendisi oturup dolu kaşığı heman mi'deye indirir. Şiddet-i ızdırâbdan gözlerinden yaş gelir. Hoca hareminden sebebsiz ağlamasının vechini sorunca "Vâlidem merhûm bu çorbayı pek çok severdi de o hâtırıma geldi. Onunçün ağladım" der. Hoca da hürmetlice bir kaşık çorbayı yuvarlaması akabinde gözlerinden yaş boşanır. Haremi "Ya sana ne oldu. Sen ne içün ağlıyorsun" deyince Hoca "Uğursuz ananın ölüp de senin gibi nâ-bekârın[139] sağ kaldığına ağlarım" demiştir.

(Latîfe): Hoca'nın mahdûmu[140] birgün "Baba! Senin doğdığını bilirim" der. Haremi oğlanı paylamağa başlayınca Hoca "Be kadın niçün bi-gayrı-hak incitiyorsun. Oğlan akıllıcadır. Bilse de olur" demiştir.

(Latîfe): Hoca birgün bir acemi berbere tıraş olur. Berber ustura çaldıkca keser, muttasıl pamuk yapıştırırmış. Hoca bir aralık kavuğuna uzanup giymek ister. Berber "Efendi daha yarısı tıraş edilmemiştir" demekle Hoca "Be herîf sen başımın

---

[139] Nâ-bekâr: Hayırsız.
[140] Mahdûm: Oğul, evlat.

﴿لطیفه﴾ خواجه‌نك حرمی طوغوره‌جق اولور. ایسكمله اوزرنده بر ایكی كون اوتورور، طوغوره‌مز. ایچریدن قادینلر «افندی بر دعا ویا بر چاره بیلیرسه‌ڭ یاپه‌لم ده چوجوق طوغسون» دیمه‌لریله خواجه «بن اونك علاجنی بیلیرم» دییه همان بقاله قوشوب براز جوز آله‌رق طوغرو ایچری كیرر. وایسكمله‌نك آلتینه جوزلری دوكه‌رك «شیمدی اوغلان جوزلری كورور كورمز اوینامغه چیقار» دیمشدر.

﴿لطیفه﴾ بركون حرمی مُعَذِبلك اولمق اوزره چورباییی سُفْره‌یه غایت صیجاق اوله‌رق قویار. بالاخره یینه كندیسی اونوتوب طولو قاشغی همان معده‌یه ایندیرر. شدّت اضطرابدن كوزلرندن یاش كلیر. خواجه حرمندن سببسز آغلامه‌سنك وجهنی صورنجه «والده‌م مرحوم، بو چورباییی پك چوق سَوَرْدی ده او خاطریمه كلدی. اونكچون آغلادم» دیر. خواجه‌ده حُرْمَتْلیجه بر قاشیق چورباییی یووارلامه‌سی عقبنده كوزلرندن یاش بوشانیر. حرمی «یا سگا نه اولدی. سن نه ایچون آغلایورسین» دیینجه خواجه «اوغورسز آناڭ اولوب ده سنك گبی نا بكارڭ صاغ قالدیغنه آغلارم» دیمشدر.

﴿لطیفه﴾ خواجه‌نك مخدومی بركون «بابا! سَنك طوغدیگْنی بیلیرم» دیر. حرمی اوغلانی پایلامغه باشلاینجه خواجه «به قادین، نیچون بِغَیْرِحق اینجیتیورسین. اوغلان عقللیجه در. بیلسه‌ده اولور» دیمشدر.

﴿لطیفه﴾ خواجه بركون بر عجمی بربره تراش اولور. بربر اوسطوره چالدقجه كسر، متصل پاموق یاپیشدیریرمش. خواجه بر آره‌لق قاووغنه اوزانوب كیمك ایستر. بربر «افندی. دها یاریسی تراش ایدلمه‌مشدر» دیمكله خواجه «به حریف. سن باشمك

٧١

yarısına pamuk ekdin. Bırak bârî ben de bâkisine keten ekeyim" demişdir.

(Latîfe): Hoca bir kimsenin bağçesindeki zerdali ağacına çıkup zerdali yerken sâhibi gelerek "Ağaçda ne işin var" diye sorar. Hoca "Bülbülüm ötüyordum" der. Herîf "Öt bakalım, işidelim" der. Hoca ötmeye başlar. Herîf ihtiyârsız gülerek "Bülbül böyle mi öter" deyince Hoca "Acemi bülbül bu kadar öter" demişdir.

(Latîfe): Bir gece ay aydınlığında Hoca kuyudan su çekecek olur. Bakar ki ay kuyunun içindedir. Çıkarmak için ipe çekül takup sarkıtır. Tesâdüfen çekül bir taşa takılır. Hoca olanca kuvvetiyle ipi çekmekle çekül kurtulup Hoca sırt üstü düşünce bakar ki ay göl yüzündedir. "Hamd ve senâ olsun, çok zahmet çekdim ama hele ay da yerine geldi" demiş.

ياريسنه پاموق اكدك. بيراق، باري بن ده باقيسنه كنان اكه‌يم»
ديمشدر.

﴿لطيفه﴾ خواجه بر كيمسه‌نك باغچه‌سنده‌كى زردالى آغاجنه
چيقوب زردالى يركن صاحبى گله‌رك «آغاجده نه ايشك وار»
دييه صورار. خواجه «بلبلم اوتييورم» دير. حريف «اوت باقه‌لم،
ايشيده‌لم» دير. خواجه اوتمه‌يه باشلار. حريف اختيارسز كوله‌رك
«بلبل بويله‌مى اوتر» ديينجه خواجه «عجمى بلبل بو قَدَرْ اوتر»
ديمش.

﴿لطيفه﴾ بر كيجه آى آيدينلغنده خواجه قويودن صو
چكه‌جك اولور باقاركه آى قويونك ايچنده‌در. چيقارمق ايچون
ايپه چنگلى طاقوب صارقيتير. تصادفاً چنگل بر طاشه طاقيلير.
خواجه اولانجه قوتيله ايپى چكمكله چنگل قورتولوب خواجه
صيرت اوستى دوشنجه باقاركه آى گوك يوزنده‌در. «حمد
وثنا اولسون، چوق زحمت چكدم امّا هله آى ده يرينه كلدى»
ديمش.

"Letâ'if-i Hoca Nasreddîn" Kitâbına Zeyldir

Tahmînen bir asr mukaddem talîk hatla yazılmış bir mec-mû'adan menkuldür:

(Latîfe): Hoca bir aralık Konya'da bulunurken bir tavr-ı ihtirâz ile "Galibâ zevcen vefât eylemiş" demişler. "Ölmese de zâten ben onu boşayacakdım" demiş.

(Latîfe): Hoca bir gün eşegini koşdururken düşmüş. Çocuklar "A... Hoca eşekden düşdü" diye sârâkaya almalarıyla[141] Hoca "A çocuklar düşmesem de zâten ben inecekdim" demiş.

(Latîfe): Hoca dağda odun kesüp eşegine yüklemiş. Baltayı, abasını merkebin üstüne atup "Ben dağ yolundan gidecegim. Sen doğru yoldan gel" deyüp gitmiş. Eve gelmiş bakmış ki eşek gelmemiş. Karısıyla: "Eşek geldi mi", Hayır gelmedi" "Mâşa'allah ben eşekden evvel gelmişim. Yolunda muhâvereden sonra bir müddet eşek gelmeyüp gecikince "Varayım, bakayım. Eşek nerede kaldı" diyerek dağa vâsıl olur. Bakar ki eşek bırakdığı yerde otlayor. Ama üstünde aba ile balta yok. Heman eşegin üzerinden odunu yıkup semeri salla sırt eder. Eşege de hışm ve itâbla hitâb edüp "Sen hâlâ kovdığım yerde otluyorsun. Haydi öyle ise aba ile baltayı getir de semerini al" demiş.

(Latîfe): Hoca'nın eşegi ölmüş. Karısı "Bir eşeğe muhtâcız. Haydi pazardan bir eşek al" diye eline altı guruş vermiş. Hoca pazardan aldığı eşegin yularını çeküp ardına bakmadan yoluna devâm ederken iki külhânbegi sözledüp yavaşca eşegin yularını sıyırırlar. Biri eşegi pazara götürür. Parasını paylaşmak üzere

---

[141] Sârâkaya alma: Dalga geçme, eğlenceye alma.

«لطائف خواجه نصر الدین» کتابنه ذیلدر

تخمیناً بر عصر مقدم تعلیق خطه یازلمش بر مجموعه‌دن منقولدر:

‖لطیفه‖ خواجه بر آره‌لق قونیه‌ده بولونورکن بر طَوْر احترازی ایله «غالبا زوجه‌ك وفات ایله‌مش» دیمشلر. «اولمه‌سه‌ده ذاتاً بن اونوی بوشایه‌جقدم» دیمش.

‖لطیفه‖ خواجه برگون اشکنی قوشدورورکن دوشمش. چوجوقلر. «آ... خواجه اشکدن دوشدی» دییه صاراقه‌یه آلمه‌لریله خواجه «آ چوجوقلر. دوشمه‌سه‌م ده ذاتاً بن اینه‌جکدم» دیمش.

‖لطیفه‖ خواجه طاغده اودون کسوب اشکنه یوکله‌تمش. بالطه‌یی، آباسنی مرکبك اوستنه آتوب «بن طاغ یولندن گیده‌جکم سن طوغرو یولدن گل» دیوب کیتمش. اوه کلمش، باقمش که أشك کلمه‌مش. قاریسیله – اشك کلدیمی – خیر کلمه‌دی – ما شاء الله بن اشکدن اوّل کلمشم – یولنده محاوره‌دن صوڭره بر مدت اشك کلمه‌یوب گچیکنجه «واره‌یم، باقه‌یم. اشك نره‌ده قالدی» دییه‌رك طاغه واصل اولور. باقار که اشك بیراقدیغی یرده اوتلایور. اما اوستنده آبا ایله باطله یوق. همان اشکك اوزرندن اودونی ییقوب سمری صالله صیرت ایدر. اشکه‌ده خشم وعتابله خطاب ایدوب «سن حالا قودیغم یرده اوتلایورسین». هایدی اویله ایسه آبا ایله بالطه‌یی گتیرده سمریگی آل» دیمش.

‖لطیفه‖ خواجه‌نك اشکی اولمش. قاریسی «بر اشکه محتاجز هایدی پازاردن بر اشك آل» دییه الینه آلتی غروش ویرمش. خواجه پازاردن آلدیغی اشکك یولارینی چکوب آردینه باقمه‌دن یولینه دوام ایدرکن ایکی کلخان بكی سوزله‌شوب یاواشجه اشکك یولارینی صِیییریرلر. بری اشکی پازاره گوتورور. پاره‌سنی پایلاشمق اوزره

satar. Digeri yuları başına geçirüp Hoca ile berâber Hoca'nın kapusu önüne gelirler. Hoca ardına dönüp eşek yerine bir adam görünce fevkalâde şaşalar. "Baksan a, ayol. Sen ne cinssin" deyince hinoğlu sümügünü çekerek, gözlerini büzerek, sesini de hazîn bir tavr verüp "Ah efendim, câhillik. Nasılsa anamın huzûrunda bir eşeklik etdim. Aşırı derece cânını yakdım. Vâlidem de 'Dilerim oğlan eşek olasın' diye inkâr eylemekle derhâl eşek oldım. Beni pazara götürüp satdılar. Siz aldınız. Sizin yümn[142] ve bereketnizle şimdi adam oldım" diye Hoca'ya birçok teşekkürler eylemiş Hoâ da "Haydi bir daha öyle külhânilik eyleme" yolunda nasîhat eyleyüp salıvermiş. Ertesi günü tekrâr eşek almak üzere pazara varmış. Bakmış ki dünkü aldığı eşek yine canbaz elinde dolaşıyor. Hoca heman merkebin kulağına egilüp gülerek "Gidi köftehor. Galibâ sözimi dinlemeyüp vâlideni yine darıltmışsın" demişdir.

(Latîfe): Hoca'nın hânesine hırsız girmiş. Hoca görüp yük içine saklanmış. Hırsız hâneyi yukarıdan aşağı aramış, çalacak bir şey bulamamış. "Acabâ yükde bir şey var mı" diye kapusunu açınca görür ki Hoca ayakda duruyor. Hırsız halecânından[143] şaşırup "Burada mısınız" demekle Hoca "Evet. Sizden hicâbımdan buraya saklandım. Çalacak bir şey bulamadığınıza gayet utandım" demiş.

(Latîfe): Hoca hanesi içinde yüzük ga'ib etmiş, bulamamış. Çıkmış kapusu önünde ararken komşusu suâl edüp içeride yüzük ga'ib etdigini anlatınca "O sûretde içeride arasan a" demekle Hoca "İçerisi pek karanlık da onunçün burada arayorum" demişdir.

---

[142] Yümn: Bereket.
[143] Halecân: Heyecanlanma.

صاتار. دیکری یولاری باشنه کچیروب خواجه ایله برابر خانهنك
قاپوسی اوگنه گلیرلر. خواجه آردینه دونوب ده اشك یرینه بر آدم
گورونجه فوق العاده شاشالار. «باقسهكْ آ، آیول. سن نهجیسین»
دیینجه هین اوغلی سوموکنی چکهرك، کوزلرینی بوزهرك، سینهده
حزین بر طوْر ویروب «آه افندم، جاهللك. ناصلسه آنامك حضورنده
بر اشكلك ایتدم. آشیری درجه جاننی یاقدم. والدهم ده (دیلرم اوغلان
اشك اولهسین) دییه انکسار ایلهمکله درحال اشك اولدیم. بنی پازاره
کوتوروب صاتدیلر. سز آلدیكْز. سزك یمن وبرکتكزله شیمدی آدم
اولدیم» دییه خواجهیه بر چوق تشکرلر ایلهمش خواجهده «هایدی بر
دها اویله کلخانیلك ایلهمه» یولنده نصیحت ایلهیوب صالی ویرمش.
ایرتهسی گونی تکرار اشك آلمق اوزره پازاره وارمش. باقمش که
دونکی آلدیغی اشك ینه جانباز النده طولاشیور. خواجه همان
مرکبك قولاغنه اکیلوب گولهرك «گیدی کوفته خور. غالبا سوزیمی
دیکلهمهیوب والدهكی یینه طاریلتمشسین» دیمشدر.

«لطیفه» خواجهنك خانهسنه خیرسز گیرمش. خواجه کوروب
یوك ایچنه صاقلانمش. خیرسز خانهیی یوقاریدن آشاغی آرامش،
چالهجق برشی بولهمامش. «عجبا یوکده برشی وارمی» دییه قاپوسنی
آچنجه گورورکه خواجه آیاقده طورویور» خیرسز خلجانندن
شاشیروب «بوردهمیسکز» دیمکله خواجه «أوت. سزدن حجابمدن
بورایه صاقلاندم. چالهجق برشی بولهمادیغكزه غایت اوتاندم» دیمش.

«لطیفه» خواجه خانهسی ایچنده یوزوك غائب ایتمش،
بولهمامش. چیقمش قاپوسی اوگنده آرارکن قومشوسی سؤال ایدوب
ایچریده یوزوك غائب ایتدیکنی آكلاینجه «او صورتده ایچریده
آراسهكْ آ» دیمکله خواجه «ایچریسی پك قاراكْلقده اونكچون بوراده
آرایورم» دیمشدر.

(Latîfe): Hoca delikanlılığında bir bostana girüp kavun, karpuz yerken bekci görüp uzakdan haykırmış. "Hey! Orada ne işin var. Çık bostandan" demiş. Hoca da "Büyük abdestimi bozuyorum" diye cevâb vermiş. Herîf gelüp "Haniya kabâhatin" deyince orada bir taze sığır tersi varmış onu göstermiş. Bekci "Hey adam. O sığır tersidir" deyince Hoca "Ya sen râhatla adam gibi terslemege bırakdın mı" demişdir.

(Latîfe): Hoca memleketinde kadı imiş. Bir herîf feryâd ederek "Tanburımı çaldırdım idi. Çarşıda fülân adamın elinde buldum. Bana alıveriniz" dedi. Hoca dahi muhzır[144] ile herîfi getirtüp suâl eyledikde "Bu tanburu ben diyâr-ı âharda[145] satın aldım" dedi. Hoca şâhid isteyüp herîf getirdiği şâhidleri huzûra çıkardı. Hoca "Ağalar, siz neye şâhidsiniz" deyince şâhidler "Bu tanbur bu adamındır. Üst perdesi kırıkdır. Burmaları gayet gevşekdir. Ve altı tellidir" diye edâ-yı şehâdet edüp fi'l-vâki' aynı zuhûr etmekle tanburu müdde'iye hükm edecegi vaktde zî-elîd "Bu şâhidler tezkiye[146] olunsun. Zîrâ biri oğlan pezevengidir, biri avret pezevengidir" diye cerh[147] ve red etmek istemekle Hoca "Be hey adam. Tezkiyeye ne hâcet. Tanbur da'vâsında bu şâhidlerden a'lâsı olmaz" demiş.

(Latîfe): Hoca'nın ensesine bir herîf bir sille urmuş. Hoca arkasına dönüp bakınca "Afv edersiniz. Sizi teklîfsiz dostlarımdan birine benzetdim" demişde Hoca yakasını bırakmayup sürükleyerek mahkemeye götürmüş. Kadıya şikâyet etmiş. Meger o herîf kadının ahbâbı imiş. Kadı herîfi ihzâr edüp[148] "Haydi Hoca sen de buna bir sille ur" demiş. Hoca râzı

---

144 Muhzır: Eskiden şeriat mahkemelerinde mübâşir hizmetini gören kimse. Alâkalı kimseleri mahkemeye çağırmaya memur kişi.
145 Diyâr-ı âhar: Başka diyar, başka ülke.
146 Tezkiye: Şâhidin temiz ve doğru adam olup olmadığını araştırma.
147 Cerh: Bir kimseye söğmek.
148 İhzâr etmek: Huzura getirtmek.

﴿لطيفه﴾ خواجه دلیقانلیلغنده بر بوستانه كیروب قاوون قوپاریركن بكجی كوروب اوزاقدن هایقیرمش. «هی!... اوراده نه ایشك وار. چیق بوستاندن!» دیمش. خواجەده «بویوك آبدستمی بوزیورم» دییه جواب ویرمش. حریف گلوب «هانی یا قباحتك» دیینجه اوراده بر تازه صغیر ترسی ترسی وارمش اوتی گوسترمش. بكجی «به هی آدم. او صغیر ترسیدر» دیینجه خواجه «یا سن راحتله آدم گبی ترسلەمكه بیراقدكمی» دیمشدر.

﴿لطیفه﴾ خواجه مملكتنده قاضی ایمش. بر حریف فریاد ایدرك «طانبوریمی چالدیردم ایدی. چارشیده فلان آدمك النده بولدم بكا آلیویریكز» دیدی. خواجه دخی مُحضر ایله حریفی كتیرتوب سؤال ایلەدكده «بو طانبوری بن دیار آخرده صاتین آلدیم» دیدی. خواجه شاهد ایستەیوب حریف كتیردیكی شاهدلری حضوره چیقاردی. خواجه «آغالر. سز نەیه شاهدسكز» دیینجه شاهد لر «بو طانبور بو آدمكدر. اوست پردەسی قیریقدر. بورمەلری غایت گۆشْگدر. وآلتی تللیدر» دییه ادای شهادت ایدوب في الواقع عینی ظهور ایتمكله طانبوری مدعی یه حكم ایدەجكی وقتده ذی الیَدْ بو شاهدلر تزكیه اولونسون. زیرا بری اوغلان پزەونگیدر، بری عورت پزەونگیدر» دییه جرح ورد ایتمك ایستەمكله خواجه «به هی آدم. تزكیەیه نه حاجت. طانبور دعواسنده بو شاهدلردن اعلاسی اولمز» دیمش.

﴿لطیفه﴾ خواجەنك اكسەسنه بر حریف بر سیلّه اورمش خواجه آرقەسنه دونوب باقینجه «عفو ایدرسیكز. سزی تكلیفسز دوستلرمدن برینه بكزتدم» دیمشسەده خواجه یاقەسنی بیراقمایوب سوروكلەیەرك محكمەیه كوتورمش. قاضی یه شكایت ایتمش. مَگَرْ او حریف قاضینك احبابی ایمش. قاضی حریفی احضار ایدوب «هایدی خواجه. سن ده بوگا بر سیلله اور» دیمش. خواجه راضی

٧٩

olmamış. Kadı "Öyle ise Hoca Efendi hakkın bir akçedir. Haydi efendi cezâyı nakdî olmak üzere bir akçe getir. Hoca Efendi'ye verelim de ırzâ edelim[149]" diyerek herîfi aşırmış. Hoca sâ'atlerce bekleyüp herîfin savuşdırıldığını anlayınca kadının dalgınlığından istifâde edüp "Yâ Settâr" diyerek boynuna levendâne bir sille aşk etmiş ve "Efendi hazretleri benim daha fazla intizâra[150] vaktim yok. O bir akçeyi o adamdan sen al" diyerek savuşup gitmişdir.

(**Latîfe**): Hoca'ya Timur-leng demiş ki "Hoca bilirsin ki hulefâ-yı Abbasiye'den[151] her birinin unvânı kimi Muvafık-billâh, kimi Mütevekkil-alellâh, kimi Mu'tasım-billâh hep bu yolda idi. Ben de onların miyânında[152] gelse idim, benim ünvânım ne olurdu." Hoca derhâl demiş ki: "Ey sâhib-kırân[153]. Hiç şübhe etmeyiniz ki sizinki muhakkak sûretde 'Neuzü-billâh[154]' olurdu.

(**Latîfe**): Hoca'ya "Karının aklı zâyi' olmuş" demişler. Hoca birâz teemmül[155] ve tefekküre varmış. "Ne düşünüyorsun" diye sordıklarında "Bizim karının aslındab aklı yoğidi. Acabâ nesi zâyi' oldu. Onu düşünüyorum" demiş.

(**Latîfe**): Hoca karısını boşamak içün mahkemeye varmış. Kadı, "Karısının, babasının isimleri zabt olunsun" demekle Hoca'ya sordıklarında "Bilmem" demiş. Kadı kaç senelik zevcendir" diye suâl edüp Hoca'dan birkaç sene oldu" cevâbını almağla "Be adam. Senelerden beri insân karısının adını ögrenmez mi" deyince Hoca "Murâdım geçinmek degil ki adını sorayım" demişdir.

(**Latîfe**): Hoca dam aktarırken bir dilenci "Azcık aşağıya buyurun, sizinle bir sohbetim var" deyüp Hoca aşağı inince hâline

---

149 Irzâ etmek: Razı etmek.
150 İntizâr: Bekleme.
151 Hulefâ-yı Abbasiye: Abbasi halifeleri.
152 Miyânında: Arasında.
153 Sâhib-kırân: Her zaman muvaffak olan ve zafer kazanan.
154 Neuzü-billâh. Allah korusun, Allah'a sığınırız.
155 Teemmül: İyice, etraflıca düşünmek.

اولمامش. قاضی «اویله ایسه خواجه افندی حقّك بر آقچه‌در. هایدی افندی جزای نقدی اولمق اوزره بر آقچه گتیر. خواجه افندی یه ویره‌لم ده اِرْضا ایده‌لم» دییه‌رك حریفی آشیرمش. خواجه ساعتلرجه بكله‌یوب حریفك صاووشدیرلدیغنی آكلاینجه قاضینك طالغینلغندن استفاده ایدوب «یا سَتّار» دییه‌رك بویننه لَوْنْدانه بر سیلله عشق ایتمش و«افندی حضرتلری بنم دها زیاده انتظاره وقتم یوق. او بر آقچه‌یی او آدمدن سن آل» دییه‌رك صاووشوب کیتمشدر.

﴾لطیفه﴿ خواجه‌یه تیمورلنك دیمش که «خواجه بیلیرسین که خلفای عباسیه‌دن هر برینك عنوانی کیمی موفق بالله، کیمی متوکل علی الله، کیمی معتصم بالله هپ بو یولده ایدی. بنده اونلرك میاننده گلسه ایدیم؛ بنم عنوانم نه اولوردی» خواجه درحال دیمش که: ای صاحبقران. هیچ شبهه ایتمه‌یكز که سزكی محقق صورتده «نعوذ بالله» اولوردی.

﴾لطیفه﴿ خواجه‌یه «قاریكك عقلی ضایع اولمش» دیمشلر. خواجه براز تأمل وتفکره وارمش. «نه دوشونیورسین» دییه صوردیقلرنده «بزم قارینك اصلندن عقلی یوغیدی. عجبا نه‌سی ضایع اولدی. اونی دوشونیورم» دیمش.

﴾لطیفه﴿ خواجه قاریسنی بوشامق ایچون محکمه‌یه وارمش. قاضی «قاریسنك، باباسنك اسملری ضبط اولونسون» دیمکله خواجه‌یه صوردیقلرنده «بیلمم» دیمش. قاضی «قاچ سنه‌لك زوجه‌گدر» دییه سؤال ایدوب خواجه‌دن «بر قاچ سنه اولدی» جوابنی آلمغله «به آدم. سنه‌لردن بری انسان قاریسنك آدینی اوکره‌نمزمی» دیینجه خواجه «مرادم کچنمك دكل که آدینی صوره‌ییم دیمشدر.

﴾لطیفه﴿ خواجه طام آقتاریرکن بر دیلنجی «آزیجق آشاغی‌یه بویورك سزكله بر صحبتم وار» دییوب خواجه آشاغی اییننجه حالنه

٨١

acındıracak bir mukaddimeden[156] sonra sadaka istemiş. Hoca elinden tutup izzet ve ikrâmla dama çıkarmış "Allah vere kuzum" demiş.

(Latîfe): Hoca'ya zevcesi iplik pişirmek içün külhan külü ısmarlamış. Eline de bir torba vermiş. Bir haftadır külhan yanmadığından kül bulamamış. Yolda gelirken yangın yerinde biraz ekser bulup torbaya koymuş. Eve gelüp kadın "Hani getirdin mi" deyince Hoca torbayı eline tutuşdurmuş. Kadın alup demir şıkırtısını işiderek silkemiş, ekserler dökülmüş. Kadın kemâl-i hayretle[157] "Bu ne efendi" deyince Hoca "Ne câhil karı. Senin ona aklın irmez. Okur-yazarlar arasında 'Ekser içün hükm-i küll vardır' diye bir ka'ide vardır. demekle ekserde külün yerini tutar. Sonra kadın ne demiş-bi't-tabi' hayrân hayrân bir müddet efendinin yüzine bakdıkdan sonra iki tarafına başını sallamışdır.

(Latîfe): Hoca geceyarısı karısıyla konuşurken bir ayak patırtısı işitmiş. Susup, dinlemege başlamış. O esnada Hoca'nın oğlağı melemiş, hırsızlar demişler ki: "Bu gece elimize bir kelepir geçmedi. Bârî şu Hoca'nın evine girelim. Uykuda iken basdırup Hoca'yı öldürelim. Oğlağını da kesüp yiyelim. Karısını da kaçıralım. Mâlını da uğurlayalım[158]. O esnada Hoca hızlı hızlı öksürüp gürültü patırtı yapmış, hırsızlar kaçmış. Karısı "Galibâ korkundan öksürdin, patırtı yapdın" deyince Hoca demiş ki: "Öyle ya. Sana göre ne var. Onun orasını oğlakla bana sor".

(Latîfe): Hoca hâne yapdırmak içün bir mi'mâr getirüp herîf "Şuraya bir oda, şuraya bir sofa, buraya bir kilar yapmalı"

---

[156] Mukaddime: Giriş.
[157] Kemâl-i hayret: Çok şaşırarmak
[158] Uğurlamak/uğrulamak: Çalmak.

آجیندیره‌جق بر مقدمه‌دن صوكره صدقه ایسته‌مش خواجه الندن طوتوب عزت واكرامله طامه چیقارمش «الله ویره قوزم» دیمش.

لطیفه خواجه‌یه زوجه‌سی ایپلیك پیشیرمك ایچون كولخان كولی ایصمارلامش. الینه‌ده بر طوربه ویرمش. بر هفته‌در كولخان یانمه‌دیغندن كول بوله‌مامش. یولده گلیركن یانغین یرنده براز اكْسَنر بولوب طوربه‌یه قویمش. أوه گلوب قادین «هانی گتیردیكمی» دیینجه خواجه طوربه‌یی الینه طوتوشدورمش. قادین آلوب دمیر شقیرتیسنی ایشیده‌رك سیلكمش، اكسنرلر دوكولمش. قادین كمال حیرتله «بو نه افندی» دیینجه خواجه «به جاهل قاری سنك اوكا عقللك ایرمز. اوقور یازارلر آراسنده ‹اكثر ایچون حكم كل واردر.› دییه بر قاعده واردر. دیمك كه اكسنرده كولك یرینی طوتار. صوكره قادین نه دیمش ــ بالطبع حیران حیران بر مدت افندینك یوزینه باقدیقدن صوكره ایكی طرفنه باشینی صاللامشدر.

لطیفه خواجه كیجه یاریسی قاریسیله قونوشوركن بر آیاق پاطیرتیسی ایشتمش. صوصوب دیكله‌مكه باشلامش. او اثناده خواجه‌نك اوغلاغی مه‌له‌مش خیرسزلر دیمشلركه: بو كیجه الیمزه بر كله‌پیر كچمه‌دی. باری شو خواجه‌نك أوینه گیره‌لم. اویقوده ایكن باصدیروب خواجه‌یی اولدوره‌لم. اوغلاغینی ده كسوب ییه‌لم. قاریسنی ده قاچیره‌لم. مالنی ده اوغورلایه‌لم. او اثناده خواجه خیزلی خیزلی اوكسوروب كورولتی پاطیرتی یاپمش، خیرسیزلر قاچمش. قاریسی «غالبا قورقوغدن اوكسوردیك، پاطیرتی یاپدیك» دیینجه خواجه دیمش كه: اویله یا. سكا گوره نه وار. اونك اوراسینی اوغلاغله بكا صور.

لطیفه خواجه خانه یاپدیرمق ایچون بر معمار كتیروب حریف «شورایه بر اطوه، شورایه بر صوفه، بورایه بر كیلار یاپمه‌لی»

۸۳

diye aşağı yukarı gezerken osurmuş. Hoca "Buracığa da bir abdesthâne yapmalı" demiş.

(Latîfe): Hoca'ya "Yüz yaşında bir adamın çocuğu olur mu" demişler. "Yirmi, otuz yaşında taze komşuları olursa olur" demiş.

(Latîfe): Hoca'nın komşusu bir kazan çaldırmış. Birinin elinde bulunup Hoca'yı şehâdete götürmüş. Kadı, "Bu kazan bu müslümânın olduğunu sen biliyor musun" diye Hoca'ya sordukda "Evet. Kil kutuluğu zamânından beri bilirim. Bunun elinde büyümüşdür" demişdir.

(Latîfe): Hoca deniz kenarında gayet susamış. Nâ-çâr bir mikdâr içmiş, harâreti teskîn olmadıkdan başka boğazı yanup mi'desi allak bullak olmuş. Biraz ileri gidüp bir tatlı su bulmuş, kana kana içmiş. Ve takyesini doldurup götürmüş, denize dökmüş. "Beyhûde köpürüp kabarma. Boşuna âleme azamet satma. İşte su dedigin böyle olur" demişdir.

(Latîfe): Hoca'ya "Cenâzeyi götürürken tabutun önünde mi bulunmalı, ardında mı" demişler. "İçinde bulunmayın da neresinde bulunursanız bulunun" demiş.

(Latîfe): Hoca merhûm bir iş içün Bursa'ya gelir. Devâirde[159] o kadar uğraşır, işi olmaz. Birisi "Eger sabah namazını kırk gün Ulu Câmi'i'de mihrâb yanında kılar da kırk birinci gün münâcât[160] edersen işin olur" der. Hoca böyle yapar. Yine maksûdına muvaffak olamaz. Bir sabah da Ulu Câmi' civârında Küçük Mescid'e gider, akib-i salâtda[161] sıdkla münâcât eder. Bi-himmetillahi te'âlâ işi olur.

---

[159] Devâir: Devlet daireleri.
[160] Münâcât: Allah'a yalvarma, dua etme.
[161] Akīb-i salât: Namazdan sonra.

دييه آشاغى يوقارى كزركن اوصورمش. خواجه «بوراجغهده بر آبدستخانه ياپمهلى» ديمش.

«لطيفه» خواجهيه يوز ياشنده آدمك چوجوغى اولورمى» ديمشلر. «بيكيرمى، اوتوز ياشنده تازه قومشولرى اولورسه اولور» ديمش.

«لطيفه» خواجهنك قومشوسى بر قازان چالديرمش. برينك النده بولونوب خواجهيى شهادته گوتورمش. قاضى بو قازان بو مسلمانك اولديغنى سن بيليورميسين» دييه خواجهيه صورديقده «أوت. كيل قوطولغى زمانندن برى بيليرم. بونك النده بويومشدر» ديمشدر.

«لطيفه» خواجه دكيز كنارنده غايت صوصامش. ناچار بر مقدار ايچمش، حرارتى تسكين اولمهديقدن باشقه بوغازى يانوب معدهسى آللاق بوللاق اولمش. براز ايلرى كيدوب بر طاتلى صو بولمش. قانه قانه ايچمش. وطاقيهسنى طولدوروب كوتورمش، دكيزه دوكمش. «بيهوده كوپوروب قابارمه. بوشنه عالمه عظمت صاتممه. ايشته صو ديديك بويله اولور» ديمشدر.

«لطيفه» خواجهيه «جنازهيى كوتوررركن تابوتك اوگنده‌مى بولونمهلى، آرديندهمى» ديمشلر. «ايچنده بولونمايك ده نبرهسنده بولونورسهكز بولونك» ديمش.

«لطيفه» خواجه مرحوم بر ايش ايچون بروسهيه كلير. دوائرده او قدر اوغراشير، ايشى اولماز. بريسى «اكر صباح نمازنى قرق كون اولو جامعده محراب ياننده قيلارده قرق كون برنجى كون مناجات ايدرسهك ايشك اولور» دير. خواجه بويله ياپار. ينه مقصودينه موفق اولهماز. بر صباح ده اولو جامع جوارنده (كوچوك مسجد) كيدر، عقيب صلاته صدقله مناجات ايدر. بحكمة الله تعالى ايشى اولور.

٨٥

Heman Ulu Câmi'e gelüp büyük kapudan içeri girerek bülend-âvâzla "Yazık sana! Oğlun kadar olamadın" demiş.

(Latîfe): Hoca birgün kalafat yerine gelüp ateş yakarak gemiye ne yapdıklarını sormuş. "Funda yakar, zift sürerler. Gemi sür'atli yürür" demişler. Hânesine geldiginde eşeğinin ayağını kösteklöyüp funda çalısnı yakarak tutuşdırdığı gibi eşek köstegi kırarak rüzgâr gibi kaçmış. Hoca "Gidi eşek! Daha zift katran sürmeden bak nasıl koşuyor" demiş.

(Latîfe): Bir uzun yolcılık esnasında Hoca ga'ib olmayayım diye beline bir kabak bağlamış. Yoluna devâm etmiş. Menzilin birinde bir muğzib usulca kabağı almış kendi beline bağlamış. Ertesi günü beli kabak bağlı adamı Hoca önünde görünce şaşalayarak "Ben şu adamım ama acabâ kendim kimim" demişdir.

(Latîfe): Hoca ev yapdırırken dülgere döşeme tahtalarını tavana, tavan tahtalarını döşemeye mıhlamasını söylemiş. Dülger sebebini suâl edince "Yakında teehhül[162] edecegim. İnsân evlenince evin altı üstine gelir derler, iki masrafı bir edeyim" demişdir.

(Latîfe): Hoca'dan göz ağrısına ilâc sormuşlar "Geçende benim dişim ağrıdı çıkartmakdan başka hiçbir ilâc kâr etmedi" demiş.

(Latîfe): Hoca teehhül eylemiş. Beşinci günü bir çocuğu olmuş. Ertesi günü heman elif cüzü, cüz ve kisesini, yazı takımı gibi şeyler getirüp kundağın başı ucuna koymuş. "Efendi, şimdiden bu ne olacak" diyenlere "Dokuz aylık yolu beş günde kat' eden hande

---

[162] Teehhül: Evlenme.

همان (اولو جامع) ه كلوب بويوك قاپودن ايچرى كيرهرك بلند آوازله «يازق سڭا. اوغلك قدر اوله‌ماديك» ديمش.

﴿لطيفه﴾ خواجه بركون قالافات يرينه كلوب آتش ياقه‌رق كمى به‌نه ياپدقلرينى صورمش. «فونده ياقار، زفت سوررلر. كمى سرعتلى يورور» ديمشلر. خانه‌سنه گلديكنده اشكينك آياغنى كوستكله‌يوب فونده چاليسنى ياقه‌رق طوتوشديرديغى گبى اشك كوستكى قيره‌رق روزكار كبى قاچمش. خواجه «كيدى اشك. دها زفت قطران سورمه‌دن باق نصل قوشيور» ديمش.

﴿لطيفه﴾ بر اوزون يولجيلق اثناسنده خواجه غائب اولمايه‌يم دييه بلينه بر قاباق باغلامش. يولينه دوام ايتمش. منزلك برنده بر مُغذِب اوصولجه قاباغى آلمش كندى بلينه باغلامش. ايرته‌سى كونى بلى قاباق باغلى آدمى خواجه اوكونده كورنجه شاشالايه‌رق «بن شو آدمم اما عجبا كنديم كيمم» ديمشدر.

﴿لطيفه﴾ خواجه أو ياپديريركن دولكره دوشه‌مه تاخته‌لرينى طاوانه، طاوان تاخته‌لرينى دوشه‌مه‌يه ميخلامه‌سينى سويله‌مش. دولكر سببنى سؤال ايدنجه «ياقينده تأهل ايده‌جكم. انسان اَوْله‌ننجه اَوِك آلتى اوستينه گلير – دبرلر، ايكى مصرفى بر ايده‌يم» ديمشدر.

﴿لطيفه﴾ خواجه گوز آغريسنه علاج صورمشلر. «كچنده بنم ديشم آغريدى. چيقارتمقدن باشقه هيچ بر علاج كار ايتمه‌دى» ديمش.

﴿لطيفه﴾ خواجه تأهل ايتمش. بشنجى كونى بر چوجوغى اولمش ايرته‌سى كونى همان الف جزؤى، جزو كيسه‌سنى، يازى طاقيمى كبى شيلر كتيروب قونداغك باشى اوجنه قويمش. شيمديدن بو نه اوله‌جق» دييه‌نلره طوقوز آيلق يولى بش كونده قطع ايدن هانده

٨٧

ise birkaç güne kadar mektebe başlar. Hazır param varken levâzımını düzdüm" diye cevâb vermiş.

(Latîfe): Hoca'nın ağaca asılı olan gömleğini rûzgâr yere düşürmüşç Hoca "Bize bir kurbân kesmek lazım geldi" diye kendi kendine söylenmiş. Haremi sebebini suâl eyledikde "Ya ma'azallah içinde ben bulunaydım" demiş.

(Latîfe): Hoca birgün "Kar ile ekmek yimesini ben îcâd eyledim ama ben de begenmedim" demiş.

(Latîfe): Hoca'ya "Sabah olunca halkın kimi o yana, kimi bu yana gider. O neden" diye sormuşlar. "Eger hepsi bir tarafa gitseler dünyânın muvâzenesi bozulur, devrilir" demiş.

(Latîfe): Hoca merhûm bağ dikenleri görüp ne yapdıklarını sorar. "Çubuk dikiyoruz. Yarın a'lâ, latîf salkım salkım üzümler verecek" derler. Hoca biraz düşünüp bağcılar "Kuzum, beni de dikiniz. Bakalım ben ne çeşit yemiş veririm" demekle bağcılar heman "Peki" diyüp Hoca'yı beline kadar toprağa gömerler. Kendileri bir ağacın altına çekilüp yemek yemekle meşgul olurlar. İlkbahar olmağla Hoca iyice üşür. Karnı da acıkır. Heman çabalana, çabalana hezâr zahmetle çıkup bağcıların yanına gelir. Bağcılar "Hoca Efendi, neye yerinde durmadın" dediklerinde "Vallahi birâderler. Doğrısını isterseniz yerimi sevmedim, tutmadım çıkdım" demiş.

ایسه بر قاچ کونه قدر مكتبه باشلار. حاضر پاره‌م وارکن لوازمنی دوزدم» دییه جواب ویرمش.

﴿لطیفه﴾ خواجه‌نك آغاجه آصیلی اولان کوملکنی روزکار یره دوشورمش. خواجه «بزه بر قربان کسمك لازم کلدی» دییه کندی کندینه سویلنمش. حرمی سببنی سؤال ایله‌دیکده «یا معاذ الله ایچنده بن بولونه‌یدیم» دیمش.

﴿لطیفه﴾ خواجه برگون «قار ایله اکمك ییمه‌سینی بن ایجاد ایله‌دیم اما بن ده بكنمه‌دیم» دیمش.

﴿لطیفه﴾ خواجه‌یه «صباح اولنجه خلقك کیمی او یانه، کیمی بو یانه کیدر، او نه‌دن» دیه صورمشلر. «اکر هپسی بر طرفه کیتسه‌لر دنیانك موازنه‌سی بوزولور، دَوْریلیر» دیمش.

﴿لطیفه﴾ خواجه مرحوم باغ دیکنلری کوروب نه یاپدقلرینی صورار. «چوبوق دیکیورز. یارین اعلا، لطیف صالقیم صالقیم اوزوملر ویره‌جك» دیرلر. خواجه برآز دوشونوب باغجیلر. «قوزوم. بنی ده دیکیكز. باقه‌لم، بن نه چشیت یمیش ویریرم» دیمکله باغجیلر همان «پكی» دییوب خواجه‌یی بلینه قدر طوپراغه گومرلر. کندیلری بر آغاجك آلتینه چكیلوب یمك ییمکله مشغول اولورلر. ایلك بهار اولمغله خواجه اییجه اوشور. قارنی ده آجیقیر. همان چابالانه، چابالانه هزار زحمتله یردن چیقوب باغجیلرك یاننه کلیر. باغجیلر «خواجه افندی. نه‌یه یرگده طورمه‌دیك» دیدکلرنده «واللهی برادرلر. طوغریسنی ایسترسه‌كز. یریمی سَوْمه‌دیم، طوتمادیم چیقدم» دیمش.

٨٩

Urefâdan Bir Zâtın Mesmû´udur[163] ki:

Nasreddîn Hoca, Timur huzûrunda iken bir sipahiyi serhoş-dur diye getirmişler. "Üç yüz degnek urun" demiş. Hoca tebes-süm etmiş. Timur gazab edüp "Beş yüz degnek urun" demiş. Hoca kahkaha ile gülmege başlamış. Timur henüz ocakdan çıkmış gibi bin pâre ateş kesilüp "Şimdi sekiz yüz degnek urulsun" deyince Hoca'nın sinirleri gevşeyip, kasıklarını tutarak sallana sallana ma-karaları koyuvermişdir. Timur ise öfkesinden zıb zıb sıçrayarak "Bre şerî´at haini. Degirmen kadar sarığınla hem benim icrâ eyle-digim hadd-i şer´îyi istihfâf[164] eylersin. Hem de benim gibi cihânı zıngır zıngır titretmiş bir cihângîr-i cabbârın huzûrunda bulunu-yorsun. Sonra da ne dehşetli fütûrsuz bir yürege mâliksin ki hâlâ güliyorsun" deyince Hoca der ki "Doğrusun. İşin ehemmiyetini bilirim. Senin de ne yaman bir hûn-hâr[165] olduğunu tamâmıyla tasdîk ederim. Fakat ne fâ'ide şuna şaşıyorum ki ya sen rakam bilmiyorsun ya bizim gibi atdın, kiminden mahlûk olmayup adın gibi cismin de demir oğlu demirdir. Hele himâyet etmek istedi-gin şer´iat-ı garrâdan hiç haberin yok. Seksan degnek nerede... sekiz yüz degnek nerede. Emr etmek pek kolay fakat bu yenir mi. Ne olur, zahmet alsan da verecegin emr, kabil-i icrâ[166] mıdır de-gil midir bir parçacık düşünsen".

(Menâkıb-ı Şeyh Gülşenî Kuddise-sırruhu)da bi'l-münâsebe yazılmışdır:

Hoca'ya şehir hâricinde şiddetli bir vehm ârız olup "Öldüm" diye kendinden geçmiş. Bir hayli zamân beklemiş, beklemiş. Hiç-bir gelüp giden cenâzesini kaldırmağa teşebbüs eden olmamış.

---

[163] Mesmû´u: İşitme, duyma.
[164] İstihfâf: Küçümsemek.
[165] Hûn-hâr: Kan içici.
[166] Kabil-i icrâ: Uygulana bilir.

عرفادن بر ذاتدن مسموعدركه:

نصر الدين خواجه تيمور حضورنده ايكن بر سپاهى بى سرخوشدر دييه كتيرمشل. «اوچ يوز دَكْنَكْ اورك» ديمش. خواجه تبسم ايتمش. تيمور غضب ايدوب «بش يوز دكنك اورﯓ» ديمش. خواجه قهقهه ايله گولمكه باشلامش. تيمور هنوز اوجاقدن چيقمش گبى يكپاره آتش كسيلوب «شيمدى سكز يوز دكنك اورولسون» دينجه خواجهنك سيكيرلرى گﯘشهيوب قاصيقلرينى طوتهرق صاللانه صاللانه ماقارهلرى قويى ويرمشدر. تيمور ايسه اوفكهسندن ظيب ظيب صيچرايهرق «بره شريعت خائى. دكيرمن قدر صاريغكله هم بنم اجرا ايلهديكم حدّ شرعى بى استخفاف ايلرسين. هم ده بنم كبى جهانى زانغير زانغير تيترهتمش بر جهانكير جبارك حضورنده بولونيورسين. صوكرهده نه دهشتلى فتورسز بر يوركه مالكسين كه حالا كوليورسين» دينجه خواجه دير كه: طوغروسين. ايشك اهميتنى بيليرم. سنك ده نه يامانٖ بر خونخوار اولديغكى تماميله تصديق ايدرم. فقط نه فائده شوﮔا شاشيورم كه يا سن رقم بيلمهيورسين. يا بزم كبى اتدن، كميكدن مخلوق اولمايوب آدﯓ كبى جسمك ده دمير اوغلى دميردر. هله حمايت ايتمك ايستهديكك شريعت غرّادن هيچ خبرك يوق. سكسان دكنك نرهده... سكز يوز دكنك نرهده. امر ايتمك پك قولاى فقط بوينيرمى. نه اولور، زحمت آلسهﯓ ده ويرهجكك امر؛ قابل اجراميدر، دكلميدر. بر پارچهجق دوشونسهﯓ.

(مناقب شيخ كلشنى قدس سره) ده بالمناسبه يازلمشدر كه:

خواجهيه شهر خارجنده شدّتلى بر وهم عارض اولوب «اولدم» دييه كندندن كچمش بر خيلى زمان بكلهمش، بكلهمش. هيچ بر كلوب كيدن جنازهسنى قالديرمغه تشبث ايدن اولمامش.

۹۱

Fevkalâde acıkmış. Hânesine giderek nasıl öldigini, nerede vefât itdigini karısına anlatmış. Yine mahal-i vefâtına çekilüp gitmiş. Zevcesi de saçlarını yolarak, kan ağlayarak komşulara koşar. Hocanın sahrâda birden bire vefât eyledigini, cenâzesinin meydânda kaldığını söyler. Komşular pek mahzûn olup "Hanım ne zamân vefât etmiş, nerede olmuş, kim haber verdi" dediklerinde kadın der ki "Garîb Hoca'nın kimi var. Kendicigezi ölmüş, yine kendicigezi kendi haber verdi. Sonra merhûm olduğu yere yine çekilüp gitdi".

Ba´zı Yârân-ı Kirâmdan Menkuldür ki: Bilcümle urefâ ve hukemâ misüllü Hoca merhûmun dahi ma´sûm çocuklarla başı gayet hoş imiş. Akşehir çocukları ekseriyâ Hoca'nın etrafını alırlar, tatlı tatlı sohbet ederek gülüşüp oynaşırlar, hoş vakt geçirirlermiş. Kendilerine göre bir müşkilleri olsa yine Hoca merhûma koşarlarmış. Yine bu kabîlden olarak birgün ceviz almışlar taksîmde ihtilâf eylemişler. Hoca merhûma gelüp "Şu cevizleri bize taksîm ediver" demeleriyle Hoca "Allah taksîmimi istersiniz, kul taksimi mi" diye sormuş. Çocukların safâ-yı sînelerine umûmen "Allah taksîmi" müncelî[167] olmuş. Öyle istemişler. Hoca dahi etfâl[168] miyânında diledigine iki avucunu doldurarak vermiş, kimisine birkaç dane, ba´zısına da bir dane verüp birkaç çocuğa hiç vermemiş. Çocukların bi't-tabi´ bu acîb taksîme akılları irmeyerek "Hoca Efendi bu nasıl şeydir" demeleriyle Hoca merhûm buyurmuş ki: "Yavrularım yabana gitmeyelim. Şurada kendimizden pay biçelim. Bakınız şu Bediüddîn Efendi'nin pederi gayet zengindir. Şehrimizin en ileri giden eşrâfındandır. Sonra

---

[167] Müncelî: Parlak.
[168] Etfâl: Çocuk

فوق العاده آچیقمش. خانه‌سنه گیدرك ناصل اولدیغنی، نره‌ده وفات ایتدیكنی قارسنه آگلاتمش. ینه محل وفاتنه چكیلوب کیتمش. زوجه‌سی ده صاچلرینی یوله‌رق، قان آغلایه‌رق قومشولره قوشار. خواجه‌نك صحراده بردن بره وفات ایله‌دیكنی، جنازه‌سی میدانده قالدیغنی سویلر. قومشولر پك محزون اولوب «خانم! نه زمان وفات ایتمش، نره‌ده اولمش، کیم خبر ویردی» دیدكلرنده قادین دیر که: غریب خواجه‌نك کمی وار. كندیجكزی اولمش. ینه كندیجكزی گلدی، خبر ویردی. صوكره مرحوم اولدیغی یره ینه چكیلوب کیتدی.

بعض یاران کرامدن منقولدر که: بالجمله عرفا وحكما مثللی خواجه مرحومك دخی معصوم چوجقلرله باشی غایت خوش ایمش. آقشهر چوجقلری اکثریا خواجه‌نك اطرافنی آلیرلر. طاتلی طاتلی صحبت ایدرك کولوشوب اویناشیرلر، خوش وقت کچیریرلرمش. كندیلرینه کوره بر مشكللری اولسه ینه خواجه مرحومه قوشارلرمش. ینه بو قبیلدن اوله‌رق برکون جوز آلمشلر تقسیمنده اختلاف ایله‌مشلر. خواجه مرحومه گلوب «شو جوزلری بزه تقسیم ایدی ویر» دیمه‌لریله خواجه «الله تقسیمی می ایسترسیكز، قول تقسیمی می» دییه صورمش چوجقلرك صفای سینه‌لرنده عموماً «الله تقسیمی» منجلی اولمش. اویله ایسته‌مشلر. خواجه دخی اطفال میاننده دیله‌دیكنه ایكی آووجنی طولدوره‌رق ویرمش، کیمیسنه برقاچ دانه، بعضیسنه‌ده بر دانه ویروب برقاچ چوجوغه هیچ ویرمه‌مش. چوجقلرك بالطبع بو عجیب تقسیمه عقللری ایرمه‌یه‌رك «خواجه افندی بو ناصل شیدر» دیمه‌لریله خواجه مرحوم بویورمش که: یاورولرم یابانه کیتمه‌یه‌لم. شوراده كندیمزدن پای بیچه‌لم. باقیكز شو (بدیع الدین) افندینك پدری غایت زنكیندر. شهرمزك اك ایلی كیدن اشرافندندر. صوكره

۹۳

aile cihetinden de bahtiyârdır. Çoluğu çocuğu eksik degil. Hem de hepsi sâhib-i kemâl ve cemâldir. Şu yanındaki mini mini Sinaneddîn'in babası ise gayet fakirdir. Ailece de rahatsız. Bununla berâber kendisi de sakat. Pek az çalışabilir. Zevcesi kendisi hasta, çenesi sağlam. Şu karşıdaki Hüsameddîn'in ailesi de başka türlü. Digerleri de hiç biribirine uymaz. Hocanızın hâli ise umûmundan ayrı. İşte Allah taksîmi böyle evlâdlarım.

Mervîdir ki: Bir sabah Hoca kapısından çıkarken yetişen komşusu tesâdüf ederek "Aman Hoca Efendi, merâk etdim. Bu sabah sizde telaşlı, hızlı hızlı lakırdılar işitdim. Sonra da bir gürültü oldu. O ne idi" demekle Hoca merhûm nâ-hoşnûd bir suratla "Bizimki ile biraz atışdık. Sonra da kadın hiddetlenüp cübbeme bir tekme atınca cübbem nerdübandan aşağı paldır küldür düşdü de o idi" diyüp komşusu "Cânım Hoca Efendi, hiç cübbe gürültü yapar mı" diye ısrâr edince Hoca "Sus a cânım. Ne zorluyorsun. İşte içinde ben de var idim" demişdir.

(Latîfe): Hoca gece zevcesiyle hasbihâl eylerken "Sabah hava yağmurlu inşallah di" demiş. Saika-i beşeriyetle "Ne hâcet. İkiden hâlî degil. Birinden birini yapacağım" demiş. Sabahleyin şehirden dışaru çıkınca bir sürü sipahiye rast gelüp "Beri gel dayı. Fülân kasabanın yolu nerededir" demişler. Hoca kayıdsızca "Bilmem" demiş. Terbiyesiz, haşin avânlar

عائله جهتندن ده بختياردر. چولوغى چوجوغى اكسيك دكل. هم ده هپسى صاحب كمال وجمالدر. شو ياننده‌كى مينى مينى سنان الدينك باباسى ايسه غايت فقيردر. عائله‌جه ده راحتسز. بونكله برابر كنديسى ده سقط. پك آز چاليشه‌بيلير. زوجه‌سى كنديسى خسته، چگه‌سى صاغلام. شو قارشيده‌كى (حسام الدين) ك عائله‌سى ده باشقه تورلو. ديكرلرى ده هيچ برى برينه اويمز. خواجه‌كزك حالى ايسه عمومندن آيرى. ايشته الله تقسيمى بويله اولادلرم.

مرويدركه: بر صباح خواجه قاپيسندن چيقاركن بيتيشيك قومشوسى تصادف ايدرك «آمان خواجه افندى. مراق ايتدم. بو صباح سزده تلاشلى، حيزلى حيزلى لاقيرديلر ايشيتدم. صوكره‌ده بر گورولتى اولدى. او نه ايدى. ديمكله خواجه مرحوم نا خشنود بر صورتله «بزمكى ايله بر آز آتيشدق. صوكره‌ده قادين حدتلنوب جبّه‌مه بر تكمه آتنجه جبّه‌م نردباندن آشاغى پالدير كولدور دوشدى دى او ايدى» دييو قومشوسى «جانم خواجه افندى. هيچ جبه گورولتى ياپارمى» دييه اصرار ايدنجه خواجه «صوص آ جانم. نه زورلايورسين. ايشته ايچنده بن ده وار ايدم» ديمشدر.

﴿لطيفه﴾ خواجه كيجه زوجه‌سيله حسبِحال ايله‌ركن «صباح هوا ياغمورلى اولورسه اودونه، اولمزسه چيفته كيده‌جكم» ديمش. زوجه‌سى «افندى (ان شاء الله) دى» ديمش. سائقهٔ بشريتله «نه حاجت. ايكيدن خالى دكل برندن برينى ياپه‌جغم» ديمش. صباحلايين شهردن طيشارى چيقنجه بر سورو سپاهى يه راست كلوب «بَرى گل دايى» ديمشلر. خواجه قيدسزجه «بيلمم» ديمش. تربيه‌سز، خَشنْ عوانلر

۹۵

Hoca'ya ses çıkarmağa mühlet vermeyüp birkaç sille tokat indirerek "Seni gidi şöyle böyle. Yürü, düş önümüze. Bizi götür" diyerek yayan koşa koşa önlerine katmışlar. Yağmurda yaşda onları kasabaya irişdirmiş. Kendisi geceyarısı hasta ve mecrûh[169] olarak ölümcül bir hâlde hânesine avdet eylemiş. Kapuyu çalmağa başlamış. Karısı "Kimdir o..." deyince "Aç karıcığım. Benim inşallah" demişdir.

(Latîfe): Hoca, Timur-leng ile hamama girmiş. Timur "Ben kul olsa idim kaç akçe ederdim" diye Hoca'ya sormuş. Hoca "Elli akçe" demiş. Timur şiddetle "Be iz'ânsız[170]. Yalnız belimdeki fûtâ[171] elli akçe deger" deyince Hoca fütûrsuz bir sûretde "Ben de zâten fûtaya bahâ biçmiş idim" demişdir. Rahmetullahi aleyh!

---

[169] Mecrûh: Yaralı.
[170] İz'ân: Ölçü.
[171] Fûta: Peştamal.

خواجه‌يه سس چيقارمغه مهلت ويرمه‌يوب برقاچ سيلله توقات اينديره‌رك «سنى گيدى شويله بويله. يورو، دوش اوگومزه. بزى گوتور» دييه‌رك يايان قوشه قوشه اوگلرينه قاتمشلر. ياغموره‌ده ياشده اونلرى قصبه‌يه ايريشديرمش. كنديسى كيجه ياريسى خسته ومجروح اوله‌رق اولومجيل بر حالده خانه‌سنه عودت ايله‌مش. قاپويى چالمغه باشلامش. قاريسى «كيمدو او...» دينجه «آچ قاريجغم. بنم ان شاء الله ديمشدر.

﴿لطيفه﴾ خواجه تيمورلنك ايله حمامه گيرمش. تيمور «بن قول اولسه ايدم قاچ آقچه ايدرم» دييه خواجه‌يه صورمش خوجه «اللى آقچه» ديمش. تيمور شدّتله «به اذعانسز. يالكز بلمده‌كى فوطه اللى آقچه دَكْ» دينجه خواجه فتورسز بر صورتده «بن ده ذاتاً فوطه‌يه بها ييچمش ايدم» ديمشدر. رحمة الله عليه.

(Türkçe Kaba Lisân) nâmında yirmi, otuz sene evvel neşr olunmuş eserden (Atalarsözü, Bilmece, Mani, Şarkı, Destan, Fıkra, Masal) aksâmını hâvîdir.

(Latîfe): Hoca pazara giderken mahalle çocukları düdük ısmarlamışlar. Hoca muttasıl hepsine "Peki Peki!" dermiş. İçlerinden biri "Şu parayı al da bana düdük al" demiş. Çocuklar akşam Hoca'nın yolunu beklemişler. Şehre vüsûlünde etrâfını almışlar. Hepsi de "Haniya Hoca Efendi bizim sipârişler" dediklerinde Hoca para verene düdüğü uzatup "Para veren çalar düdüğü" demişdir.

(Latîfe): Dostundan biri merhûmdan biraz müddet va'de ile birkaç guruş istemiş. "Para veremem. Fakat dostumsun va'de ne kadar istersen vereyim" demiş.

(Latîfe): Hoca geceyarısı sokağa çıkmış gezinirmiş. Memleketin sûbaşısı kolda[172] rast gelüp "Efendi! Geceyarısı sokakda ne ararsın" demekle Hoca merhûm "Uykum kaçdı da onu arıyorum" demiş.

(Latîfe): Hoca bir köye misâfir olup hegbesini ga'ib eder. Hoca "Köyliler! Ya hegbemi bulursunuz, ya ben yapacağımı bilirim" diye i'lân eder. Hoca merhûm ma'rûf[173] ve hâtırı sayılır adam olmağla köylüler telâş edüp hegbeyi arar bulurlar. Fakat birisi merâk edüp "Kuzum Hoca Efendi! Hegbeyi bulmasaydık ne

---

[172] Kola çıkmak: Teftişe çıkmak.
[173] Ma'rûf: Herkesce bilinen, tanınan.

(توركجه – قابا لسان) نامنده بكرمی، اوتوز سنه اول نشر اولنمش بر اثردن كه (آتالر سوزی، بیلمه‌جه، مانی، شارقی، دستان، فقره، ماصال) اقسامنی حاویدر:

⟪لطیفه⟫ خواجه پازاره كیدركن محله چوجقلری دودوك ایصمارلامشلر. خواجه متصل هپسینه ⟪پكی پكی!⟫ دیرمش ایچلرندن بری ⟪شو پاره‌یی آل ده بگا دودوك آل⟫ دیمش. چوجقلر آقشام اوستی خواجه‌نك یولنی بكله‌مشلر. شهره وصولنده اطرافنی آلمشلر. هپسی ده ⟪هانی یا خواجه افندی بزم سپارشلریمز⟫ دیدكلرنده خواجه پاره ویره‌نه دودوكی اوزاتوب ⟪پاره‌یی ویرن چالار دودوكی⟫ دیمشدر.

⟪لطیفه⟫ دوستندن بری مرحومدن براز مدّت وعده ایله برقاچ غروش ایسته‌مش. ⟪پاره ویره‌مم. فقط دوستمسك. وعده – نه قدر ایسترسه‌ك – ویره‌یم⟫ دیمش.

⟪لطیفه⟫ خواجه كیجه یاریسی سوقاغه چیقمش كزینیورمش، مملكتك (صو باشی) سی قولده راست كلوب ⟪افندی! كیجه یاریسی سوقاقده نه آرایوسین⟫ دیمكله خواجه مرحوم ⟪ایقوم قاچدی ده اونی آرایورم⟫ دیمش.

⟪لطیفه⟫ خواجه بر كویه مسافر اولوب هكبه‌سنی غائب ایدر. خواجه ⟪كویلیلر. یا هكبه‌می بولورسكز، یا بن یاپه‌جغمی بیلیرم⟫ دییه اعلان ایدر. خواجه مرحوم معروف وخاطری صاییلیر آدم اولمغله كویلیلر تلاش ایدوب هكبه‌یی آرار بولورلر. فقط بریسی مراق ایدوب ⟪قوزوم خواجه افندی! هكبه‌یی بولماسه‌یدیق نه

٩٩

yapacakdın" demekle Hoca gayet kayıdsızca der ki: "Ne yapayım ey oğul! Evde bir eski kilim var. Onu bozup hegbe yapacakdım".

(Latîfe): Hoca merkebini pazara getirüp dellâla verir. Gelen müşteri yaşını anlamak içün dişine bakacak olur. Eşek elini ısırır. Herîf sögüp sayarak çekilir gider. Diger bir müşteri zuhûr ederek kuyrugını kaldıracak olur. Kaba baldırına demirden bir tekme yer. Topallayarak, sebb[174] ve la'in ederek gider. Dellâk gelir "Efendi bu merkebi kimse almaz. Önüne geleni kapıyor, ardına geleni tepiyor" demesiyle Hoca "Zâten ben de onu satmak içün getirmedim. Müslümânlar görsünler de benim neler çekdigimi anlasunlar diye getirdim" demişdir.

---

[174] Sebb: Küfretmek.

ياپەجقديك» ديمكله خواجه غايت قيدسزجه دير كه: نه ياپەيم
آى اوغول! أوده بر أسكى كيليم وار. اونى بوزوب هكبه
ياپەجقديم.

﴿لطيفه﴾ خواجه مركبنى پازاره كتيروب دلاله ويرير. گلن
مشترى ياشينى آڭلامق ايچون ديشينه باقەجق اولور. اشك
الينى ايصيرير. حريف سوكوب صايەرق چكيلير گيدر. ديكر بر
مشترى ظهور ايدرك قويروغينى قالديرەجق اولور. قابا بالديرينه
دميردن بر تكمه ير. طوپاللايەرق، سب ولعن ايدرك گيدر. دلال
كلير، «افندى. بو مركبى كيمسه آلمز. اوڭه گلنى قاپيپيور، آردينه
گلنى تپيور» ديمەسيله خواجه «ذاتاً بن ده اونى صاتمق ايچون
كتيرمەديم. مسلمانلر كورسونلرده بنم نەلر چكديكمى آڭلاسونلر
دييه گتيرديم» ديمشدر.

(Çaylak) Gazetesi Sâhibi Bezle-nüvîs Tevfik Beg'in Neşr Eyledigi Forma (Letâif-i Nasreddîn)'den:

(Latîfe): Hoca'ya (Kudret-i bâliga-i Samedâniye hakkında ne dersin) demişler. "Ben kendimi bildim bileli hep cenâb-ı Hakk'ın dedigi olıyor. Eger şâyed kudret-i Rabbâniye'nin tasarrufunda olmasa idi bir kere de benim dedigim olurdu" cevâb-ı mûcez ve mu'ciziyle[175] kudret-i Rabbâni'yi ta'yîn ve îzâh eylemişdir.

(Latîfe): "Kıyâmet ne zamân kopacak" diye Hoca'dan suâl etmişler. "Hangi kıyâmet" demiş. "Kıyâmet kaç danedir" demişler. "Karım ölürse küçük kıyâmet, ben ölürsem büyük kıyâmet" demiş.

(Latîfe): Hoca birgün ciger almış. Giderken ahibbâsından[176] biri tesâdüf edüp "Bunu nasıl pişireceksin" diye suâl eder. Hoca "Âdetâ" deyince "Hayır bunun bir güzel pişmesi var. Size ta'rîf edeyim de öyle yapınız" demiş. Hoca "Bu ta'rîf etdigin şeyler hâtırımda kalmaz bir kâğıda yaz da ona bakarak pişirteyim" demekle o adam da ta'rifeyi yazar verir. Hoca ta'rifâtın îrâs eyledigi[177] hulyâyı iştihâ ile dalgın dalgın eve giderken bir çaylak[178] elinden cigeri kapar, kaçar, havâya uçar. Hoca hiç eser-i telâş[179] göstermeyerek elindeki ta'rifeyi çaylağa gösterüp "Nâfile ağız tatıyla yiyemezsin pusula bende "demişdir.

(Latîfe): Haremi Hoca Efendi'ye "Ben şu işi görünceye kadar şu çocuğu gezdir" demiş. Gezdirirken Hoca'nın kucağına işemekle Hoca hiddet edüp tutmuş o da çocuğun üstüne

---

[175] Cevâb-ı mûcez ve mu'ciz: Kısa ve veciz cevap.
[176] Ahibbâ: Dost, arkadaş.
[177] Îrâs eylediği: İcab ettiği, gerektirdiği.
[178] Çaylak: Bir kuş türü.
[179] Eser-i telâş: Telaş belirtisi.

(چایلاق) غزتەسی صاحبی بذله نویس شهیر توفیق بكك نشر ایلەدیكی ایكی فورمه (لطائف نصر الدین) دن:

﴿لطیفه﴾ خواجه‌یه (قدرت بالغهٔ صمدانیه حقنده نه دیرسین) دیمشلر. «بن كندیمی بیلدیم بیله‌لی هپ جناب حقك دیدیكی اولیور. اكر شاید قدرت ربانینك تصرفنده اولماسه ایدی بر كرەده بنم دیدیكم اولوردی» جوام موجز ومعجزیله قدرت بابنی تعیین وایضاح ایله‌مشدر.

﴿لطیفه﴾ «قیامت نه زمان قوپه‌جق» دییه خواجه‌دن سؤال ایتمشلر. «هانكی قیامت» دیمش. «قیامت قاچ دانه‌در» دیمشلر. «قاریم اولورسه كوچوك قیامت، بن اولورسه‌م بویوك قیامت» دیمش.

﴿لطیفه﴾ خواجه بركون جگر آلمش. كیدركن احباسندن بری تصادف ایدوب «بونی ناصل پیشیره‌جكسین» دییه سؤال ایدر. خواجه «عادتا» دیینجه «خیر. بونك بركوزل پیشمه‌سی وار. سزه تعریف ایده‌یم ده اویله یاپیكز» دیمش. خواجه «بو تعریف ایتدیكك شیلر خاطریمده قالمز. بر كاغده یازده اوگا باقه‌رق پیشیرته‌یم» دیمكله او آدم ده تعرفه‌یی یازار، ویرىر. خواجه تعریفاتك ایراث ایله‌دیكی خولیای اشتها ایله طالغین طالغین أوه كیدركن بر چایلاق الندن جگری قاپار، قاچار. هوایه اوچار. خواجه هیچ اثر تلاش كوسترمه‌یه‌رك الندەكی تعرفه‌یی چایلاغه كوستروب «نافله آغیز طاتیله ییه‌مزسین پوصله بنده» دیمشدر.

﴿لطیفه﴾ حرمی خواجه افندی یه «بن شو ایشی كورنجه‌یه قدر شو چوجوغی كزدیر» دیمش. كزدیررك خواجه‌نك قوجاغینه ایشه‌مكله خواجه حدت ایدوب طوتمش او ده چوجوغك اوستنه

۱۰۳

başına işemiş. Haremi "Efendi niçün böyle yapdın" diye darılınca merhûm pür-hiddet "Karı, karı! Şükr et ki oğlum bulundu. Başka çocuk olsaydı daha fenâsını yapardım" demiş.

(Latîfe): Bir meclisde latîfeye zemîn teşkîl etsün diye Hoca merhûmun eline bir saz tutuşdururlar. "Hoca Efendi şunu çal da dinleyelim" derler. Hoca sapından yakalayup boyna aşağı yukarı mızrabı sürter. Acı acı bir gulguledir gider "Cânım Hoca Efendi! Saz böyle mi çalınır. Güzel bir na'meyi vücûda getirmek için parmağını îcâbına göre tellerin üzerinde oynatmak, perdelerde gezinmek lâzım gelir" demeleriyle Hoca "Onlar perdeyi bulamazlar da aramak için gezinirler. Ben buldum, niçün beyhûde gezineyim" demişdir.

(Latîfe): Hoca merkebini ga'ib etmiş. Hem arar, he şükr edermiş. Sebeb-i şükrânını[180] sormuşlar "Üstünde bulunmadığıma şükr ediyorum. Eger bulunaydım ben de berâber ga'ib olurdum" demiş.

(Latîfe): Yine merhûm merkebini zâyi' edüp hem arar, hem türkü çağırır imiş. "Merkebini zâyi' eden türkü çağırmaz, feryâd eder" demişler. "Bir şu dağın ardında ümîdim kaldı. Orada da bulamazsam seyr et sen bendeki feryâdı" demiş.

(Latîfe): Merhûm bir def'a daha merkebini zâyi' edüp çarşıda, pazarda "Kim bulursa yularıyla, semeriyle müjde olarak verecegim" diye nidâ edermiş. "Hoca Efendi, takımıyla bağışladıkdan sonra ha tekrâr eline geçmiş hâ büsbütün ga'ib etmişsin" demişler. Afv edersiniz bulmak zevkini o kadar ehemmiyetsiz mi tutuyorsunuz" demiş.

---

[180] Sebeb-i şükrân: Şükretmesinin sebebi, nedeni.

باشينه ايشهمش. حرمی «آ افندی نيچون بويله ياپدك» دييه طاريلنجه مرحوم پر حدّت «قاری، قاری! شکر ايت که اوغلم بولوندی. باشقه چوجوق اولسهيدی دها فناسينی ياپاردم» ديمش.

﴾لطيفه﴿ بر مجلسده لطيفهيه زمين تشکيل ايتسون دييه خواجه مرحومك الينه بر ساز طوتوشدورورلر. «خواجه افندی شونی چال ده ديکلهيهلم» ديرلر. خواجه صاپندن ياقهلايوب بويه آشاغی يوقاری مضرابی سورتر. آجی آجی بر غلغلهدر گيدر. «جانم خواجه افندی! ساز بويلهمی چالينير. کوزل بر نغمهيی وجوده کتيرمك ايچون پارماغينی – ايجابنه گوره – تللرك اوزرنده اويناتمق، پردهلرده کزينمك لازم کلير» ديمهلريله خواجه «اونلر پردهيی بولهمزلرده آرامق ايچون کزينيرلر. بن بولديم، نيچون بيهوده کزينهيم» ديمشدر.

﴾لطيفه﴿ خواجه مرکبينی غائب ايتمش. هم آرار، هم شکر ايدرمش. سبب شکراننی صورمشلر. «اوستنده بولونمهديغمه شکر ايدييورم. اکر بولونهيدم بن ده برابر غائب اولوردم» ديمش.

﴾لطيفه﴿ ينه مرحوم مرکبنی ضايع ايدوب هم آرار، هم تورکی چاغيرير ايمش. «مرکبنی ضايع ايدن تورکی چاغيرمز، فرياد ايدر» ديمشلر. «بر شو طاغك آردينده اميدم قالدی. اوراده ده بولامزسهم سير ايت سن بندهکی فريادی» ديمش.

﴾لطيفه﴿ مرحوم بر دفعه دخی مرکبنی ضايع ايدوب چارشيده، پازارده «کيم بولورسه يولاريله، سمريله مژده اولهرق ويرهجکم» دييه ندا ايدرمش «خواجه افندی. طاقيميله باغشلادقدن صوكره ها تکرار اليکه کجمش ها بوس بوتون غائب ايتمشسين» ديمشلر. «عفو ايدرسيكز (بولمق) ذوقينی او قدر اهميتسزمی طوتيورسيكز» ديمش.

۱۰۵

(Latîfe): Hoca cerre[181] içün bir memlekete gidüp bir kibârın[182] hânesine misâfir olmuş. Sabahleyin hâne sâhibi Hoca'yı yanına çağırup bir şey okutmuş, kendisi de aynıyla okumuş. Bir yazı yazdırmış. Kendisi de aynını yazmış. Ve demiş ki: "İşte sen okudın, ben de tıbkısı gibi okudum. Sen yazdın, ben de aynısını yazdım" demekle senden farkım kalmadı, bu sûretde sana da ihtiyâc yokdur. Hoca demiş ki: "Azîm bir fark var. Ben buraya üç günlük yolu yayan yürüyerek geldim, bunca meşakkate katlandım. Ne vakt ki sen de benim ihtiyâcıma dûçâr olarak bizim memleketimize gelir de böyle bir cevâb-ı redd ile nev-mîd[183] olarak hâ'ib ve hâsir[184] dönersen o vakt müsâvî oluruz.

(Latîfe): Birgün bir komşusu "Hoca Efendi, sizde kırk yıllık sirke var mı" diye sormuş. "Var" demiş. "Bir parça versen e" dedikde "Veremem" demiş. "Ne içün" deyince "Eger şuna buna dağıtsaydım kırk yıldan sirke kalır mıydı" demiş.

(Latîfe): Bir zâlim zevcesinin gayet şenî' bir gadrine dû-çâr olup sınıf-ı nisâya[185] adâvet[186] ederek o zamândan beri ulemâdan, arifâdan her kimi işidirse çağırır kulağına bir şey söyler, tab'ına muvâfık, derdine çâre olacak bir cevâb alamayınca boynını urur imiş. Bu belânın bir çâresine bakar diye bilmeyerek bî-çâre Hoca'yı öne sürmüşler. Hoca'yı tâ yanına oturtup kulağına "Evli misin bî-kâr mısın" diyüp Hoca "Bu yaşda adam bî-kâr olur mu" deyince "Tamam sen de onlardansın. Urun bunun da boynını" deyince Hoca meselenin dehşetini anlayup derhâl der ki: "Acele etme, bir kere sor bakalım, bırakdım da tekrâr mı aldım. Öldi de bir daha mı evlendim.

---

[181] Cerre çıkma: Eskiden medrese talebesinin, mübarek üç aylarda köylere dağılıp halka, dînî öğütlerde bulunmak, namaz kıldırmak veya müezzinlik etmek suretiyle para ve erzak toplaması.

[182] Kibâr: Önde gelen, bir bölgenin büyüğü.

[183] Nev-mîd: Ümitsiz, ümidi kırılmış.

[184] Hâ'ib ve hâsîr: Zarara uğrayan.

[185] Sınıf-ı nisyân: Kadın sınıfı.

[186] Adâvet: Düşmanlık, kötülük.

﴿لطيفه﴾ خواجه «حَرّ» ايچون بر مملكته كيدوب بر كبارك خانهسنه مسافر اولمش. صباحلاين خانه صاحبى خواجهىى يانينه چاغيروب برشى اوقوتمش كنديسى ده عينيله اوقومش. بر يازى يازيدرمش. كنديسى ده عيننى يارمش. وديمش كه: ايشته سن اوقوديك، بن ده طبقيسى گيبى اوقودم. سن يازديك، بن ده عيننى يازديم. ديمك كه سندن فرقم قالمادى، بو صورتده سڭاده احتياج يوقدر. خواجه ديمش كه: عظيم بر فرق وار. بن بورايه اوچ كونلك يولى يايان يورييهرك كلدم، بونجه مشقته قاتلانديم. نه وقت كه سن ده بنم احتياجمه دوچار اولهرق بزم مملكتمزه كليرده بويله بر جواب رد ايله موميد اولهرق خائب وخاسر دونرسهڭ او وقت مساوى اولورز.

﴿لطيفه﴾ بركون بر قومشوسى «خواجه افندى. سزده قرق ييللق سركه وارمى» دييه صورمش. «وار» ديمش. «بر پارچه ويرسهڭ ئه» ديديكده «ويرهمم» ديمش. «نه ايچون» دينجه «اكر شوڭا بوڭا طاغيتسهيديم قرق ييلدن سيركه قاليرميدى» ديمش.

﴿لطيفه﴾ بر ظالم زوجهسينك غايت شنيع بر غدرينه دوچار اولوب صنف نسايه عداوت ايدرك او زماندن برى علمادن، عرفادن هر كيمى ايشيديرسه چاغيرير قولاغينه برشى سويلر، طبعينه موافق، دردينه چاره اولهجق بر جواب آلامينجه بوينينى أورور ايمش. بو بلانك بر چارهسينه باقار دييه بيلمهيهرك بيچاره خواجهىى اوڭه سورمشلر. خواجهىى تا يانينه اوتورتوب قولاغينه «أوليميسين بيكارميسين» دييوب خواجه «بو ياشده آدم بيكار اولورمى» دينجه «تمام. سن ده اونلردنسين. اورڭ بونك ده بوينينى» دينجه خواجه مسئلهنك دهشتنى آڭلايوب درحال دير كه: عجله ايتمه، بركره صور باقاليم، بيراقديم ده تكرارمى آلديم. اولدى ده بر دهامى أولندم.

١٠٧

Yoksa biri başımda iken bir daha ziyâde mi tehil etdim. Her nasılsa bir hatâdır etdim. Bir vartadır[187] ki düşmeden bilinmez. Meşhûr misaldir ki: Bir sürçen atın başı kesilmez".

Mervîdir ki Hoca'nın bu hâzır cevâblığı zâlim-i mezkûrü fi'il-i müdhişinden vazgeçirmişdir.

(Latîfe): Birgün haremi Hoca'ya "Efendi, abdest ibriginin dibi delindi. İçinde su çok eglenmiyor. Ne yapalım" demiş. Hoca "A karı ne var bunun çâresini bulamayacak. Eskiden abdest bozar, sonra tahâretlenirdik[188]. Bundan sonra suyu ibrike doldurur doldurmaz heman tahâretleniriz. Sonra abdestimizi bozarız" demiş.

(Latîfe): Zorbanın biri Hoca merhûma "Hoca Efendi, demin bir lengerîde[189] bir hindi dolması gidiyordu" demiş. Hoca "Bana ne" demiş. "Galibâ size götürdiler" demiş. "Sana ne" demiş.

(Latîfe): Hoca merhûma "Sizin hanım çok geziyor" demişler. "Aslı olmasa gerek. Öyle olsa idi bir de bizim eve gelirdi" demiş.

(Latîfe): Hoca birgün hamama gider. Hamamcılar Hoca'ya bir eski peştamal bir de eski havlu verüp o kadar ri'âyet etmezler[190]. Hoca bir şey demeyüp çıkarken ayineye on akçe bırakır. Hamamcılar hem ta'accüb[191] eder, hem de bi't-tabi' sevinirler. Bir hafta sonra Hoca yine bu hamama gelir bu def'a hamamcılar fevkalâde ri'âyet ederler. Sırmalı havlular, ipekli peştemaller verirler. Hoca yine bir şey demeyüp çıkarken ayineye bir akçe bırakır. Hamamcılar bu sefer ta'accüble berâber bahşişin kılletinden[192] nâşî hiddet edüp "Efendi, bu ne biçim mu'âmele" dediklerinde Hoca "Bunda fevkalâde bir hâl yok.

---

[187] Varta: Uçurum, İçinden çıkılması güç iş.
[188] Tahâret: Temizlenme.
[189] Lengerî: Büyük bakır sahan.
[190] Ri'âyet etmek: Ağırlamak.
[191] Ta'accüb: Şaşırmak.
[192] Kıllet: Az.

يوقسه بری باشیمده ایکن بروَ دها زیاده‌می تأهل ایتدیم. هر ناصلسه بر خطادار ایتدیم. بر برورطه‌در که دوشمه‌دن بیلنمز. مشهور مثلدر که: بر سورچن آتك باشی کسیلمز.

مرویدرکه خواجه‌نك بو حاضر جوابلغی ظالم مذکوری فعل مدهشندن واز کچیر‌مشدر.

﴿لطیفه﴾ برکون حرمی خواجه‌یه «افندی! آبدست ابریقنك دیبی دلیندی. ایچنده صو چوق اکلنمه‌یور. نه یاپه‌لیم» دیمش. خواجه «آقاری نه وار بونك چاره‌سینی بولامایه‌جق. اسکیدن آبدست بوزار، صوکره طهارتله‌نیردك. بوندن صوکره صویی ابریقه طولدورور طولدورمز همان طهارتله‌نیرز. صوکره آبدستمزی بوزارز» دیمش.

﴿لطیفه﴾ زوزکك بری خواجه بری مرحومه «خواجه افندی. دمین بر لنگریده هندی طولمه‌سی گیدییوردی» دیمش. خوجه «بکّا نه» دیمش. «غالبا سزه گوتوردیلر» دیمش. «سکّا نه» دیمش.

﴿لطیفه﴾ خواجه مرحومه «سزك خانم چوق گزییور» دیمشلر. «اصلی اولماسه کرك. اویله اولسه‌یدی برده بزم أوه گلیردی» دیمش.

﴿لطیفه﴾ خواجه برکون حمامه کیدر. حمامجیلر خواجه‌یه بر اسکی پشتمال برده اسکی خاولو ویروب اوقدر رعایت ایتمزلر. خواجه برشی دیمه‌یوب چیقارکن آیینه‌یه اون آقچه بیراقیر. حمامجیلر هم تعجب ایدر، هم ده بالطبع سوینیرلر. بر هفته صوکره خواجه ینه بو حمامه کلیر بو دفعه حمامجیلر فوق العاده رعایت ایدرلر. صیرمهلی خاولولر، ایپکلی پشتماللر ویریرلر. خواجه ینه برشی دیمه‌یوب چیقارکن آیینه‌یه بر آقچه بیراقیر. حمامجیلر بو سفر تعجبله برابر بخششك قاتدن ناشی حدت ایدوب «افندی. بو نه بیچیم معامله» دیدکلرنده خواجه «بونده فوق العاده بر حال یوق.

١٠٩

Bugün verdigim bir akçe geçenki hamam hakkıdır. Geçenki de bugünün ücretidir" demiş.

(Latîfe): Ahibbâsından biri merhûma gelüp "Bana bir mektûb yaz. Bağdad'da bir dostuma göndereceğim" dedikde Hoca "Bırak Allah aşkına. Benim şimdi Bağdad'a gitmege vaktim yok" diye almış yürüyü vermiş. Herîf merâk edüp, koşmuş, Hoca'yı yakalamış ve "Kuzum Hoca Efendi. Bir mektûb yazmakla neden Bağdad'a kadar gitmekligin lâzım gelsin" dedikde Hoca demiş ki: "Bunu bilemeyecek ne var. Benim yazım fenâ. Ancak ben okuyabilirim. Bu sûretde yazdığım mektûbu yine ben okumalıyım ki münidericâtı[193] anlaşılsın."

(Latîfe): Hoca merkebini pazara götürüp dellâla vermiş. Dellâl gezdirirken "Bu merkebin eşegini açık, râhvân yürürken üstünde kahve içilir, başı yumuşak, genc, dinc kıl ayıbsız" diye senâ[194] etdikce herkes başlamış artırmaga. Hoca da karşıdan bu tavsîfâtı[195] işiderek "Vay benim merkebim bu kadar güzel imiş de ben ne içün almayorum" diye kemâl-i şevkle pey sürmege[196] başlamış. Nihâyet son pey üzerinde kalmağla paraları bi't-tamâm dellâla sayup götürmüşdür. Gece haremine meseleyi anlatmış. Haremi de demiş ki: "Benim de başıma bugün tuhaf bir iş geldi. Kapunun önünden kaymakçı geçiyordu. Çağırdım, tartarken kaymak ziyâde gelsün diye herîf görmeden yavaşça bilezigimi terâzinin dirhem konulan gözine bırakdım. Heman kaymak tabağını alup savuşdım. Bunun üzerine Hoca "Rahmetullahi aleyh" demiş ki: "Ha bakalım! Ben dışarıdan sen içeriden gayret edelim de şu evin idâresini yoluna koyalım."

---

[193] Mündericât: İçindekiler.
[194] Senâ: Övme.
[195] Tavsîfât: Vasıflar, özellikler, nitelikler.
[196] Pey sürmek: Açık arttırmada fiyat söylemek.

بوكون ويرديكم بر آقچه كچنكى حمام حقيدر. كچنكى ده بوكونك اجرتيدر» ديمش.

﴿لطيفه﴾ احباسندن برى مرحومه كلوب «بگا بر مكتوب ياز. بغدادده بر دوستمه كوندره‌جكم» ديدكده خواجه «بيراق الله عشقنه. بنم شيمدى بغداده كتيمكه وقتم يوق» دييه آلمش يورويى ويرمش. حريف مراق ايدوب قوشمش، خواجه‌يى ياقه‌لامش و«قوزوم خواجه افندى. بر مكتوب يازمقله نه‌دن بغداده قدر كيتمكلك لازم كلسين» ديدكده خواجه ديمش كه: بونى بيله‌مه‌يه‌جك نه وار. بنم يازيم غايت فنا. آنجق بن اوقويه‌بيليرم. بو صورتده يازديغم مكتوبى يينه بن اوقومه‌لى يم كه مندرجاتى آگلاشيلسين.

﴿لطيفه﴾ خواجه مركبنى بازاره كوتوروب دلّاله ويرمش. دلال كزديررکن «بو مركبك اشكينى آچيق، راهوان يورورکن اوستنده قهوه ايچيلير، باشى يومشاق، كنج، دينج قيل عيبسز» دييه ثنا ايتدكجه هركس باشلامش آرتيرمغه. خواجه‌ده قارشيدن بو توصيفاتى ايشيده‌رك «واى، بنم مركبم بوقَدَر كوزل ايمش ده بن نه ايچون آلمايورم» دييه كمال شوقله پى سورمكه باشلامش نهايت صوك پى اوزرنده قالمغله پاره‌لرى بالتمام دلاله صايوب كوتورمشدر. كيجه حرمينه مسئله‌يى آكلاتمش. حرمى ده ديمش كه: بنم ده باشيمه بوكون تخف بر ايش كلدى. قاپونك اوكندن قايماقجى كچيوردى. چاغيرديم. طارتارکن قايماق زياده كلسون دييه حريف كورمه‌دن ياواشجه بيله‌زيكمى ترازينك درهم قونولان كوزينه بيراقديم. همان قايماق طباغينى آلوب صاووشديم. بونك اوزرينه خواجه «رحمة الله عليه» ديمش كه: ها باقه‌لم! بن طيشاريدن سن ايچريدن غيرت ايده‌ليم ده شو اُوِك اداره‌سينى يولينه قويه‌ليم.

١١١

(Latife-i Manzûme)

Meger kim Hoca Nasreddîn bir gün
Evi tamına çıkmış bir iş içün
Ayağı sürcüp anın yire düşmüş
Ahibbâsı gelüp başına üşüşmüş
Demişler kim ne yatorsın ne derhâl
Cevâbında demiş ol dahi fi'l-hâl
Ne sorarsın benim hâlim, görürsin
Eger sen dahi düşdünse bilürsin.

(Latîfe): Hoca merkebe yem vermekden bıkup haremine "Artık bundan sonra merkebe sen bak" der ise de kadın kabul etmez aralarında münâza' uzayup nihâyet ikisi de sükût ile "Kim evvel söylerse merkebe o yem versün" diye karâr verirler. Hoca bir köşeye çekilüp sâ'atlerce söz söylememege ısrâr eder. Hareminin cânı sıkılup başını örtdigi gibi komşuya bırakır gider. Akşama kadar komşuda oturur. Ezân yaklaşır. Haremi mâcerâyı komşu kadına nakl ederek "Bir inâdcı adamdır. Açlıkdan ölür, lakırdı söylemez. Şuna bir tas çorba gönderelim" der. Çocuğun eline bir tas çorba verüp Hoca'nın evine gönderirler. Meger kadın komşuya gitdigi vakt eve hırsız girerek para edecek ne varsa toplar. Hoca'nın oturdığı odaya da girer. Bakar ki Hoca köşede oturıyor, bu kadar gürültüye hiç ehemmiyet vermiyor. Evvelce fenâ hâlde şaşalarsa de Hoca'nın hiç fütûr etmedigini görüp kendi kendine ses çıkarmadıkdan başka hırsızın kem küm etmesine bile cevâb vermeyerek bir heykel-i câmid[197] gibi durduğunu görünce- "Bu

---

[197] Câmid: Donmuş heykel

﴿لطيفهٔ منظومه﴾

مكر كيم خواجه نصر الدين بركون * أوىٍ طامنه چيقمش بر
ايش ايچون

آياغى سورچوب آنك ييره دوشمش * احبّاسى كلوب باشينه
اوشمش

ديمشلر كيم نه ياتورسين نه در حال * جوابنده ديمش اول داخى
في الحال

نه صورارسين بنم حالم، كورورسين * اكر سن داخى دوشدكسه
بيلورسين

﴿لطيفه﴾ خواجه مركبه يم ويرمكدن بيقوب حرمينه «آرتق
بوندن صوكره مركبه سن باق» دير ايسه‌ده قادين قبول ايتمز آرهلرنده
منازعه اوزايوب نهايت ايكيسى ده سكوت ايله «كيم اوّل سويلرسه
مركبه او يَم ويرسون» دييه قرار ويررلر. خواجه بر كوشه‌يه چكيلوب
ساعتلرجه سوز سويله‌مه‌مكه اصرار ايدر. حرمينك جانى صيقيلوب
باشينى اورتديكى كبى قومشويه بيراقير گيدر. آقشامه قدر قومشوده
اوتورور. اذان ياقلاشير. حرمى ماجرايى قومشو قادينه نقل ايدرك
«بر عنادجى آدمدر. آجلقدن أولور، لاقيردى سويله‌مز. شوڭا
بر طاس چوربا گوندره‌لم» دير. جوجوغك الينه بر طاس جوربا
ويروب خواجه‌نك أوينه گوندريرلر. مكر قادين قومشويه كيتديكى
وقت أوه خيرسز كيره‌رك پاره ايده‌جك نه وارسه هپسنى طوپلار.
خواجه‌نك اوتورديغى اوطه‌يه‌ده گيرر. باقار كه خواجه كوشه‌ده
اوتورييور، بو قدر كورلتى يه هيچ اهميت ويرميور. اوّلجه فنا حالده
شاشالارسه‌ده خواجه‌نك هيچ فتور ايتمه‌ديكنى كوروب كندى
كندينه سس چيقارمه‌ديقدن باشقه خيرسيزك كم كوم ايتمه‌سنه بيله
جواب ويرمه‌يه‌رك بر هيكل جامد گيبى طورديغنى كورونجه — بو

١١٣

adam meflûc[198] ve menzûldür[199]" diye gözünün önünde işe yara-yacak şeyleri toplar. Hoca'nın hâlâ aldırmadığı besbelli hırsızın bile sinirlerine dokunmuş olmalı ki "Başından kavuğunu alayım. Bakayım yine ses çıkarmayacak mı" diye kavuğunu da alır. Eşyâyı salla sırt eder. Bırakır gider. O esnada çocuk gelüp köşede taş gibi sâkıt olan Hoca Efendi'ye "Size çorba gönderdiler" demişse de Hoca merhûm sirkat[200] meselesini anlatup hatta kavugu bile çalındığını işrâb[201] ederek karısının çabuk gelmesini gûyâ çocuğa lakırdı söylemeden işâret eylemek üzere ağzıyla ıslık çaldığı hâlde elini üç kere daire-vârî döndürüp parmağıyla başını gösterir. Ço-cuk bu işâretden "Çorba tasını üç kere başımın üstünde döndür. Sonra başıma geçir anlayup" heman öyle yapar. Hoca'nın başı iyice haşlanır. Çorbanın suyu, danesi yüzini gözini saçını saka-lını acîb bir hâle sokarsa da Hoca yine inâdına hiç tınmaz. Ço-cuk döner gider. İdilen suâl üzerine kapuları, bacaları, hatta do-labları, sandıkları apaçık, hânenin içi karmakarışık, eşya ortaya dökülmüş saçılmış olduğu ve çorba keyfiyetini anlatır. Kadın işin vehâmetini anlayup koşarak gelir. Felâketi görünce köşede gülünc bir hâlde put gibi oturan nâzenînin kemâl-i heyecânla üzerine ko-şup "Aman efendi, nedir bu hâl" deyince Hoca "Aydi git merkebe yem ver. İnâdın sonu işte böyle olur" demiştir.

(Latîfe): Hoca merhûm bağına gayet ufak ağaç fidanları diker-miş. Ahibbâsından biri görüp "Efendi bu ne vakt büyüyecek. Ve ne vakt yemiş verecek de siz de yiyeceksiniz" demekle Hoca cevâbında

---

[198] Meflûc: Felçli.
[199] Menzûl: İndirme indirmiş.
[200] Sirkat: Hırsızlık.
[201] İşrâb: Bir maksadı kapalı olarak anlatma.

آدم مفلوج ومنزولدر – دییه کوزونك اوکنده ایشه یارایه‌جق شیلری طوپلار. خواجه‌نك حالا آلدیرمه‌دیغی بس بللی خیرسیزك بیله سیكیرینه طوقونمش اولمه‌لی که (باشندن قاووغینی آله‌یم. باقه‌یم ینه سس چیقارمایه‌جقمی) دییه قاووغینی ده آلیر. اشیایی صالا صیرت ایدر. بیراقیر گیدر. او اثناده چوجوق کلوب کوشه‌ده طاش گیبی ساکت اولان خواجه افندی یه «سزه چوربا کوندردیلر» دیمشسه‌ده خواجه مرحوم سرقت مسئله‌سینی آکلاتوب حتی قاووغی چالدیغنی اشراب ایدرك قاریسنك چابوق کلمه‌سینی کویا چوجوغه لاقیردی سویله‌مه‌دن اشارت ایله‌مك اوزره آغزیله ایصلیق چالدیغی حالده الینی اوچ کره دائره واری دوندوروب پارماغیله باشینی کوستریر. چوجوق بو اشارتدن (چوربا طاسینی اوچ کره باشیمك اوستنده دوندر. صوکره باشیمه کچیره) آکلایوب همان اویله یاپار. خواجه‌نك باشی ایجه خاشلانیر. چوربانك صویی، دانه‌سی یوزینی کوزینی صاچینی صاقالنی عجیب بر حاله صوقارسه ده خواجه ینه عنادینه هیچ طینمز. چوجوق دونر کیدر. ایدیلن سؤال اوزرینه قاپولری، باجالری، حتی دولابلری، صاندیقلری آپ آچیق، خانه‌نك ایچی قارمه قاریشیق، اشیا اورته‌یه دوکولمش صاچیلمش اولدیغنی وچوربا کیفیتنی آکلاتیر. قادین ایشك وخامتینی آکلایوب قوشه‌رق کلیر. فلاکتی کورنجه کوشه‌ده کولونج بر حالده پوت گیبی اوتوران نازنینك کمال هیجانله اوزرینه قوشوب «آمان افندی. نه‌در بو حال» دیینجه خواجه «هایدی گیت مرکبه یم ویر. عنادك صوكی ایشته بویله اولور» دیمشدر.

«لطیفه» خواجه مرحوم باغنه غایت اوفاق آغاج فدانلری دیکرمش. احباسندن بری کوروب «افندی بو نه وقت بویویه‌جك. ونه وقت یمش ویره‌جك ده سزده ییه‌جکسکز» دیمکله خواجه جوابنده

۱۱۵

"Bizden evvel gelenlerin dikdikleri ağaç fidanlarının meyvesini şimdi biz yiyoruz. Bunun da meyvesini bizden sonra gelenler yisün" demişdir.

(**Latîfe**): Hoca birgün misâfirlige gitmiş. O gün gayet sıcak olmağla koca bir kâse buzlu hoşaf getirmişler. Hâne sâhibi hoşaf taksîm edilen büyük ma´den kaşığı alup Hoca'ya zergerdân, küçük, yayvan bir kaşık vermiş. Hâne sâhibi koca kepçe ile buzlu hoşafı atar, bir de "Oh...öldüm" dermiş. Hoca ise kaşığı daldırır, fakat içi bir şey almadığından yalnız yalarmış. Hâne sâhibi yine "Oh... öldüm" demesinde ber-devâm. Hoca bakmış ki olacak degil. Hâne sâhibine demiş ki: "Efendim! Recâ ederim. Şu elinizdeki kaşığı bana da verseniz de bir kere de ben öleyim" demişdir.

(**Latîfe**): Hoca odun kesmege gitdigi esnada dağda bir tavşan yakalamış. O ana kadar tavşan görmediği cihetle "Bu acîb bir hayvandır. Bakalım memleketliye göstereyim belki içlerinde bilen vardır" diye torbasına koyup ağzını sımsıkı bağlamış. Hânesine getirmiş. Haremine hikâye edüp "Sakın ola ki torbanın ağzını açma. Gideyim memleketliyi çağırayım da göstereyim" diye tenbîh eylemişse de insân men´ olundığı şey'e harîs²⁰² olmağla kadın hâlî kalınca "Yine bu herîfin bir münâsebetsizligi var. Bakayım şu nedir" deyüp torbanın ağzını açdığı gibi tavşan fırlamış. Bacadan kaçmış gitmiş. Kadın şaşalayup başka da bir çare de bilemeyüp eline geçen arpa kutusunu torbaya koyarak yine ağzını bağlamış. Âkıbetine muntazır²⁰³ olmuş. Kadının fikrince Hoca ya iki herze vekîl getirecek, ya sözine uymayup onlar da gelmeyecekler.

---

²⁰² Harîs: Bir şeye hırs göstermek.
²⁰³ Muntazır: Beklemek, gözlemek.

«بزدن اوّل كلنلرك ديدكلری اغاج فداناررينك ميوهسنی شيمدی بر
ييورز. بونك ده ميوهسنی بزدن صوكره كلنلر ييسو» ديمشدر.

﴿لطيفه﴾ خواجه برگون مسافرلكه گيتمش. او گون غايت
صيجاق اولمغله قوجه بر كاسه بوزلی خوشاف گتيرمشلر. خانه
صاحبی خوشاف تقسيم ايديلن بويوك معدن قاشيغنی آلوب
خواجهيه زرگردان، كوچوك، يايوان بر قاشيق ويرمش. خانه صاحبی
قوجه كپچه ايله بوزلی خوشافی آتار، برده (اوخ... أولدم) ديرمش.
خواجه ايسه قاشيغنی دالديرير، فقط ايچی برشی آلمهديغندن يالكيز
يالارمش. خانه صاحبی يينه (اوخ... أولدم) ديمهسنده بر دوام.
خواجه باقمش كه اولهجق شی دكل. خانه صاحبنه ديمش كه:
«افندم! رجا ايدرم. شو اليكزدهكی قاشيغنی بكّاده ويريكّزده بر كرهده
بن اولهيم» ديمشدر.

﴿لطيفه﴾ خواجه اودون كسمكه كيتديكی اثناده طاغده بر
طاوشان ياقهلامش او آنه قدر طاوشان كورمهديكی جهتله «بو
عجيب بر حيواندر. باقهليم، مملكتلی يه كوسترهيم بلكه ايچلرنده
بيلن واردر» دييه طوربهسنه قويوب آغزينی صيم صيقی باغلامش،
خانهسنه كتيرمش. حرمنه حكايه ايدوب «صاقين اولهكه طوربهنك
آغزينی آچمه. گيدهيم مملكتلی يی چاغرهيم ده كوسترهيم»
دييهتنبيه ايلهمشسهده انسان منع اولونديغی شيئه حريص اولمغله
قادين خالی قالينجه «ينه بو حريفك بر مناسبتسزلكی وار باقهيم شو
نهدر» دييوب طوربهنك آغزينی آچديغی كيبی طاوشان فيرلامش.
باجهدن قاچمش گيتمش. قادين شاشهلايوب باشقهده بر چارهده
بيلهميوب الينه كچن آرپه قوطوسينی طوربهيه قويهرق يينه آغزينی
باغلامش، عاقبته منتظر اولمش. قادينك فكرنجه خواجاه يا ايكی
هرزه وكيل كتيرهجك، يا سوزينه اويمايوب اونلرده كلمهيهجكلر.

Mesele hafifce kapanacak. Hâlbu ki aksi bu ya, Hoca sokağa çıkdığı vakt memleketin â'yânı, eşrâfı, memûrîni bir da'vadan avdet ve Hoca'nın hânesi önünden azîmet ediyorlarmış. Hoca'ya tesâdüflerinde meseleyi kendileri zorla meydâna çıkarmışlar "Nasıl şeydir. Bakalım bir kere" diye hepsi Hoca'nın hânesine dolmuşlar. Hoca en büyük odasına bunları halka-vârî[204] oturtup mahlûk-ı acîbi[205] kaçırmamak üzere hepsi ellerini kaldırarak elense bir hâlde durmalarını ekîden[206] tenbîh eyledikden sonra heman yüke mürâca'at ederek hezâr ihtimâmla torbayı ortaya getirir. Herkes mühîm bir merâkla gözlerini torbaya dikerler. Hoca heman torbanın ağzını çevirüp de boşaltdığı gibi "Pat..." demiş arpa kutusu ortaya düşmüş. Hoca fevkalâde şaşırup ne diyecegini bilemeyüp ağzından şu sözler dökülmüşdür. "Efendiler!.. işte bu kutunun on kere dolmuşu bir kile eder".

(Latîfe): Hoca birgün pazara gidüp aldığı sebze-vâtı hegbesine doldurmuş, hegbeyi de omuzına urmuş, eşegine binmiş gidiyormuş. Yolda birisi "Efendi! Neye hegbeyi merkebin terkesine koyup da rahat rahat gitmiyorsun" deyince Hoca demiş ki: "İnsâf. Hem hayvan bizim ayağımızı yerden kaldırup bizi taşısın. Hem de fazla olarak bir de hegbe yükletelim. Ben daha şimdiye kadar bu işi yapmadım.

---

204 Halka-vârî: Halka gibi.
205 Mahlûk-ı acîb: Acayip yaratık.
206 Ekîde: Kuvvetlice, sağlamca.

مسئله خفيفجه قاپاناجق. حال بوكه عكس بو يا، خواجه سوقاغه چيقديغى وقت مملكتك اعيانى، اشراف، مأمورينى بر دعوتدن عودت وخواجهنك خانهسى اوڭدن عزيت ايديورلرمش. خواجهيه تصادفلرينده مسئلهيى كنديلرى زورله ميدانه چيقارتمشلر، «ناصل شيدر. باقهلم بر كره» دييه هپسى خواجهنك خانهسنه طولمشلر. خواجه الڭ بويوك اوطهسينه بونلرى حلقه وارى اوطورتوب. مخلوق عجيبى قاچيرمامق اوزره هپسى اللرينى قالديرهرق آلَسْته بر حالده طورمهلرينى اكيداً تنبيه ايلهديكدن صوڭره همان يوكه مراجعت ايدرك هزار اهتماملله طوربهيى اورتهيه گتيرير. هركس مبهم بر مراقله كوزلرينى طوربهيه ديكرلر. خواجه همان طوربهنك آغزينى چويروب ده بوشالتديغى گبى «پات...» ديمش آرپه قوطوسى اورتهيه دوشمش. خواجه فوق العاده شاشيروب نه دييهجكينى بيلهمهيوب آغزيندن شو سوزلر دوكولمشدر: افنديلر!.. اشته بو قوطونك او كرّه طولمشى بر كيله ايدر.

《لطيفه》 خواجه بركون پازاره كيدوب آلديغى سبزواتى هكبهسينه طولدورمش، هكبهيى ده اوموزينه اورمش، اشكنه بينمش گيدييورمش. يولده بريسى «افندى! نهيه هكبهيى مركبك تَرْكيسنه قويوب ده راحت راحت كيتمهيورسين» دينجه خواجه ديمش كه: انصاف. هم حيوان بزم آياغميزى يردن قالديروب بزى طاشيسين. هم ده فضله اولهرق برده هكبه يوكلهتهليم. بن دها شيمدى يه قدر بو ايشى ياپمهديم.

BİBLİYOGRAFYA

Büyük Osmanlıca-Tükçe Sözlük, haz. Mustafa Nihat Özün, İstanbul 1979.

Kâmûs-ı Türkî, müellifi: Şemseddin Sami, İstanbul 1989.

Kâmûsü'l-a'lâm, müellifi: Şemseddin Sami, I-VI, Ankara 1996.

Osmanlı Tarih Deyimleri ve Terimleri Sözlüğü, haz. Mehmet Zeki Pakalın, I-III, İstanbul 2004.

Osmanlı Tarih Lûgatı, haz. Midhat Sertoğlu, İstanbul 1986.

Osmanlı Tarih Sözlüğü, haz. Fehmi Yılmaz, İstanbul 2010.

Osmanlıca Sözlük, haz. Mehmet Kanar, İstanbul 2000.

Osmanlıca - Türkçe ansiklopedik büyük lugat, haz. Abdullah Yeğin, Abdulkadir Badıllı, Hekimoğlu İsmail, İlhan Çalım, İstanbul 1978.

Osmanlıca - Türkçe ansiklopedik lugat : eski ve yeni harflerle, haz. Ferit Devellioğlu, Ankara 1980.

Osmanlıca Türkçe ansiklopedik sözlük, Arif Hikmet Par, İstanbul 1984.

Osmanlıca Türkçe sözlük, haz. Derya Örs, Hicabi Kırlangıç, Ahmet Eryüksel, Ankara 2004.

Ötüken Türkçe sözlük : (Tap-züz, Osmanlıca dizin), haz. Yaşar Çağbayır, İstanbul 2007.

Tarih Lugatı: Osmanlı Tarih Deyimleri ve Terimleri Temel Sözlüğü, haz. Kamil Kepeci, Ankara trsz.

Turkish and English Lexicon, ed.by. Sir James W. Redhouse, İstanbul 2006.

XIII. yüzyıldan beri Türkiye Türkçesiyle yazılmış kitaplardan toplanan tanıklarıyla tarama sözlüğü, I-VIII, Ankara 1963-1977.

Yeni Tarama Sözlüğü, düzenleyen: Cemil Dilçin, Ankara 1983.